LE COLLIER DE LA REINE

PAR

ALEXANDRE DUMAS.

VI

PARIS
ALEXANDRE CADOT, ÉDITEUR,
32, RUE DE LA HARPE
—
1849

LE COLLIER DE LA REINE.

Ouvrages du Marquis de Foudras.

En vente.

JACQUES DE BRANCION.
5 vol. in-8.

Les Gentilshommes chasseurs	2 vol.
Les Viveurs d'autrefois	4 vol.
Les Chevaliers du Lansquenet	10 vol.
Lord Algernon	4 vol.
Madame de Miremont	2 vol.
Lilia la Tyrolienne	4 vol.
Tristan de Beauregard	4 vol.
Suzanne d'Estoaville	4 vol.
La comtesse Alvinzi	2 vol.

Sous presse.

Dames de cœur et Dames de pique.
Un Caprice de grande dame.
Le dernier des Roués.
Un Drame en famille.
Un Capitaine de Beauvoisis.
Les Veillées de la Saint Hubert.

Ouvrages de A. de Gondrecourt.

En vente.

Les Peches mignons	5 vol.
Médine	2 vol.
La Marquise de Candeuil	2 vol.
Un Ami diabolique	5 vol.
Les derniers Kerven	2 vol.

Sous presse.

La Chasse aux diamants.
Le Bout de l'oreille.

Ouvrage d'Alexandre Dumas.

LA COMTESSE DE SALISBURY.
6 volumes in-8.

On vend séparément les derniers volumes pour compléter la première édition.

E. Depée, imprimeur à Sceaux.

LE

COLLIER

DE LA REINE

PAR

ALEXANDRE DUMAS.

VI

PARIS
ALEXANDRE CADOT, ÉDITEUR,
32, RUE DE LA HARPE.

1849

I

Chez la Reine (*Suite*).

La conversation continuait sur le pied de cette intimité bienveillante de la part de la reine. Jeanne était sur les épines; sa contenance était embarrassée; elle ne voyait plus la possibilité de sortir sans être congédiée, elle qui tout à l'heure encore avait le rôle si beau de l'étrangère qui demande un congé ; mais soudain une voix jeune, enjouée, bruyante, retentit dans le cabinet voisin.

— Le comte d'Artois! dit la reine.

Andrée se leva sur-le-champ. Jeanne se disposa au départ ; mais le prince avait pénétré si subitement dans la pièce où se tenait la reine, que la sortie devenait presque impossible. Cependant madame de La Mothe fit ce qu'on appelle, au théâtre, dessiner une sortie.

Le prince s'arrêta en voyant cette jolie personne et la salua.

— Madame la comtesse de La Mothe,

dit la reine en présentant Jeanne au prince.

— Ah! ah! fit le comte d'Artois. Que je ne vous chasse pas, madame la comtesse.

La reine fit un signe à Andrée, qui retint Jeanne.

Ce signe voulait dire : J'avais quelque largesse à faire à madame de La Mothe; je n'ai pas eu le temps; remettons à plus tard.

— Vous voilà donc revenu de la chasse au loup, dit la reine en donnant la main à son frère, d'après la mode anglaise qui déjà reprenait faveur.

— Oui, ma sœur, et j'ai fait bonne chasse, car j'en ai tué sept, et c'est énorme, répondit le prince.

— Tué vous-même?

— Je n'en suis pas bien sûr, dit-il en riant, mais on me l'a dit. En attendant, ma sœur, savez-vous que j'ai gagné sept cents livres?

— Bah! et comment?

— Vous saurez que l'on paie cent livres pour chaque tête de ces horribles animaux. — C'est cher, mais j'en donnerais bien de bon cœur deux cents par tête de gazetier. — Et vous, ma sœur?

— Ah! dit la reine, vous savez déjà l'histoire?

— Monsieur de Provence me l'a contée.

— Et de trois, reprit Marie-Antoinette; Monsieur est un conteur intrépide, infatigable. Contez-nous donc un peu comment il vous a conté cela.

— De façon à vous faire paraître plus blanche que l'hermine, plus blanche que Vénus aphrodite. Il y a bien encore un autre nom qui finit en *ène;* les savants pourraient vous le dire. Mon frère de Provence, par exemple.

— Il n'en est pas moins vrai qu'il vous a conté l'aventure?

— Du gazetier! oui, ma sœur. Mais Votre Majesté en est sortie à son honneur. On pourrait même dire, si on faisait un calembourg, comme monsieur de Bièvre en fait chaque journée : — L'affaire du baquet est lavée.

— Oh! l'affreux jeu de mots.

— Ma sœur, ne maltraitez pas un paladin qui venait mettre à votre disposition sa lance et son bras. Heureusement, vous n'avez besoin de personne. Ah!

chère sœur, en avez-vous du vrai bonheur, vous!

— Vous appelez cela du bonheur! L'entendez-vous, Andrée?

Jeanne se mit à rire. Le comte, qui ne cessait de la regarder, lui donnait courage. On parlait à Andrée, Jeanne répondait.

— C'est du bonheur, répéta le comte d'Artois, car enfin il se pouvait fort bien, ma très chère sœur, 1° que madame de Lamballe n'eût pas été avec vous.

— Y fussé-je allée seule?

— 2º Que madame de La Mothe ne se fût pas rencontrée là pour vous empêcher d'entrer.

— Ah! vous savez que madame la comtesse était là?

— Ma sœur, quand M. le comte de Provence raconte, il raconte tout. Il se pouvait enfin que madame de La Mothe ne se fût pas trouvée à Versailles tout à point pour porter témoignage. Vous allez, sans aucun doute, me dire que la vertu et l'innocence sont comme la violette, qui n'a pas besoin d'être vue pour être reconnue; mais la violette, ma sœur, on en fait des bouquets quand on la voit, et on la jette quand on l'a respirée. Voilà ma morale.

— Elle est belle !

— Je la prends comme je la trouve, et je vous ai prouvé que vous aviez eu du bonheur.

— Mal prouvé.

— Faut-il le prouver mieux ?

— Ce ne sera pas superflu.

— Eh bien ! vous êtes injuste d'accuser la fortune, dit le comte en pirouettant pour venir tomber sur un sofa à côté de la reine, car enfin, sauvée de la fameuse escapade du cabriolet....

— Une, dit la reine en comptant sur ses doigts.

— Sauvée du baquet.....

— Soit, je la compte. Deux. Après?

— Et sauvée de l'affaire du bal, lui dit-il à l'oreille.

— Quel bal?

— Le bal de l'Opéra.

— Plaît-il?

— Je dis le bal de l'Opéra, ma sœur.

— Je ne vous comprends pas.

Il se mit à rire.

— Quel sot je fais d'avoir été vous parler d'un secret.

— Un secret! En vérité, mon frère, on voit que vous parlez du bal de l'Opéra, car je suis tant intriguée.

Ces mots : Bal, Opéra, venaient de frapper l'oreille de Jeanne. Elle redoubla d'attention.

— Motus! dit le prince.

— Pas du tout, pas du tout! Expliquons-nous, riposta la reine. Vous parliez d'une affaire d'Opéra; qu'est-ce que cela?

— J'implore votre pitié, ma sœur...

— J'insiste, comte, pour savoir.

— Et moi, ma sœur, pour me taire.

— Voulez-vous me désobliger?

— Nullement. J'en ai assez dit pour que vous compreniez, je suppose.

— Vous n'avez rien dit du tout.

— Oh! petite sœur, c'est vous qui m'intriguez..... Voyons..... de bonne foi?

— Parole d'honneur, je ne plaisante pas.

— Vous voulez que je parle?

— Sur-le-champ.

— Autre part qu'ici, fit-il en montrant Jeanne et Andrée.

— Ici! ici! Jamais il n'y a trop de monde pour une explication.

— Gare à vous, ma sœur!

— Je risque.

— Vous n'étiez pas au dernier bal de l'Opéra?

— Moi! s'écria la reine, moi, au bal de l'Opéra!

—Chut! de grâce.

— Oh! non, crions cela, mon frère.....
Moi, dites-vous, j'étais au bal de l'Opéra!

— Certes, oui, vous y étiez.

— Vous m'avez vue, peut-être? fit-elle
avec ironie, mais en plaisantant jusquelà.

— Je vous y ai vue.

— Moi! moi!

— Vous! vous!

— C'est fort.

— C'est ce que je me suis dit.

— Pourquoi ne dites-vous pas que vous m'avez parlé? ce serait plus drôle.

— Ma foi, j'allais vous parler, quand uu flot de masques nous a séparés.

— Vous êtes fou!

— J'étais sûr que vous me diriez cela. J'aurais dû ne pas m'y exposer, c'est ma faute.

La reine se leva tout-à-coup, fit quelques pas dans la chambre avec agitation.

Le comte la regardait d'un air étonné.

Andrée frissonnait de crainte et d'inquiétude.

Jeanne s'enfonçait les ongles dans la chair pour garder bonne contenance.

La reine s'arrêta.

— Mon ami, dit-elle au jeune prince, ne plaisantons pas ; j'ai un si mauvais caractère, que, vous voyez, je perds déjà patience ; avouez-moi vite que vous avez voulu vous divertir à mes dépens, et je serai très heureuse.

— Je vous avouerai cela si vous le voulez, ma sœur.

— Soyez sérieux, Charles.

— Comme un poisson, ma sœur.

— Par grâce, dites-moi, vous avez forgé ce conte, n'est-ce pas?

Il regarda, en clignant, les dames, puis :

— Oui, j'ai forgé, dit-il, veuillez m'excuser.

— Vous ne m'avez pas compris, mon frère, répéta la reine avec véhémence. Oui ou non. Devant ces dames, retirez-vous ce que vous avez dit? Ne mentez pas ; ne me ménagez pas.

Andrée et Jeanne s'éclipsèrent derrière la tenture des Gobelins.

— Eh bien! sœur, dit le prince à voix basse, quand elles n'y furent plus, j'ai dit la vérité; que ne m'avertissiez-vous plus tôt.

— Vous m'avez vue au bal de l'Opéra?

— Comme je vous vois, et vous m'avez vu aussi.

La reine poussa un cri, rappela Jeanne et Andrée, courut les chercher de l'autre côté de la tapisserie, les ramena chacune par une main, les entraînant rapidement toutes deux.

— Mesdames, M. le comte d'Artois affirme, dit-elle, qu'il m'a vue à l'Opéra.

— Oh! murmura Andrée.

— Il n'est plus temps de reculer, continua la reine, prouvez, prouvez...

— Voici, dit le prince. J'étais avec le maréchal de Richelieu, avec M. de Calonne, avec... ma foi, avec du monde. Votre masque est tombé.

— Mon masque!

— J'allais vous dire : c'est plus que téméraire, ma sœur; mais vous avez disparu, entraînée par le cavalier qui vous donnait le bras.

— Le cavalier! Oh! mon Dieu! mais vous me rendez folle.

— Un domino bleu, fit le prince.

La reine passa sa main sur son front.

— Quel jour cela ? dit-elle.

— Samedi, la veille de mon départ pour la chasse. Vous dormiez encore, le matin, quand je suis parti, sans quoi je vous eusse dit ce que je viens de dire.

— Mon Dieu ! mon Dieu ! A quelle heure m'avez-vous vue ?

— Il pouvait être de deux à trois heures.

— Décidément, je suis folle ou vous êtes fou.

— Je vous répète que c'est moi... je me serai trompé... cependant...

— Cependant...

— Ne vous faites pas tant de mal... on n'en a rien su... Un moment, j'avais cru que vous étiez avec le roi, mais le personnage parlait allemand, et le roi ne sait que l'anglais.

— Allemand... un Allemand. Oh! j'ai une preuve, mon frère. Samedi, j'étais couchée à onze heures.

Le comte salua comme un homme incrédule, en souriant.

La reine sonna.

— Madame de Misery va vous le dire, dit-elle.

Le comte se mit à rire.

— Que n'appelez-vous aussi Laurent, le suisse des Réservoirs ; il portera aussi témoignage. C'est moi qui ai fondu ce canon, petite sœur, ne le tirez pas sur moi.

— Oh! fit la reine avec rage; oh! ne pas être crue!

— Je vous croirais si vous vous mettiez moins en colère. Mais le moyen! si je vous dis oui, — d'autres diront, après être venus, — non.

— D'autres? quels autres?

— Pardieu! ceux qui ont vu comme moi.

— Ah! voilà qui est curieux, par exemple! Il y a des gens qui m'ont vue. Eh bien! montrez-les-moi.

— Tout de suite... Philippe de Taverney est-il là?

— Mon frère! dit Andrée.

— Il y était, Mademoiselle, répondit le prince; voulez-vous qu'on l'interroge, ma sœur?

— Je le demande instamment.

— Mon Dieu ! murmura Andrée.

— Quoi ! fit la reine.

— Mon frère appelé en témoignage.

— Oui, oui, je le veux.

Et la reine appela : on courut, on alla chercher Philippe jusque chez son père, qu'il venait de quitter après la scène que nous avons décrite.

Philippe, maître du champ de bataille après son duel avec Charny ; Philippe, qui venait de rendre un service à la reine, marchait joyeusement vers le château de Versailles.

On le trouva en chemin. On lui communiqua l'ordre de la reine. Il accourut.

Marie-Antoinette s'élança à sa rencontre, et, se plaçant en face de lui :

— Voyons, Monsieur, dit-elle, êtes-vous capable de dire la vérité?

— Oui, Madame, et incapable de mentir, répliqua-t-il.

— Alors, dites..... dites franchement si..... si vous m'avez vue dans un endroit public depuis huit jours.

— Oui, Madame, répondit Philippe.

Les cœurs battaient dans l'appartement, on eût pu les entendre.

— Où m'avez-vous vue? fit la reine d'une voix terrible.

Philippe se tut.

— Oh! ne ménagez rien, Monsieur; mon frère, que voilà, dit bien m'avoir vue au bal de l'Opéra, lui; et vous, où m'avez-vous vue?

— Comme monseigneur le comte d'Artois, au bal de l'Opéra, Madame.

La reine tomba foudroyée sur le sofa.

Puis, se relevant avec la rapidité d'une panthère blessée :

— Ce n'est pas possible, dit-elle, puisque je n'y étais pas. Prenez garde, monsieur de Taverney, je m'aperçois que vous prenez ici des airs de puritain ; c'était bon en Amérique, avec M. de Lafayette, mais à Versailles, nous sommes Français, et polis, et simples.

— Votre Majesté accable M. de Taverney, dit Andrée, pâle de colère et d'indignation. S'il dit avoir vu, c'est qu'il a vu.

— Vous aussi, fit Marie-Antoinette ;

vous aussi ! Il ne manque vraiment plus qu'une chose, c'est que vous m'ayez vue.

— Par Dieu ! si j'ai des amis qui me défendent, j'ai des ennemis qui m'assassinent. Un seul témoin ne fait pas un témoignage, messieurs.

— Vous me faites souvenir, dit le comte d'Artois, qu'à ce moment où je vous voyais et où je m'aperçus que le domino bleu n'était pas le roi, je crus que c'était le neveu de M. de Suffren. — Comment l'appelez-vous, ce brave officier qui a fait cet exploit du pavillon ? Vous l'avez si bien reçu l'autre jour, que je l'ai cru votre chevalier d'honneur.

La reine rougit; Andrée devint pâle comme la mort. Toutes deux se regardèrent et frémirent de se voir ainsi.

Philippe, lui, devint livide.

— Monsieur de Charny, murmura-t-il.

— Charny! c'est cela, continua le comte d'Artois. N'est-il pas vrai, monsieur Philippe, que la tournure de ce domino bleu avait quelque analogie avec celle de M. de Charny?

— Je n'ai pas remarqué, monseigneur, dit Philippe en suffoquant.

— Mais, poursuivit M. le comte d'Artois, je m'aperçus bien vite que je m'étais trompé, car M. de Charny s'offrit soudain à mes yeux. Il était là, près de M. de Richelieu, en face de vous, ma sœur, au moment où votre masque est tombé.

— Et il m'a vue? s'écria la reine hors de toute prudence.

— A moins qu'il ne soit aveugle, dit le prince.

La reine fit un geste désespéré, agita de nouveau la sonnette.

— Que faites-vous? dit le prince.

— Je veux interroger aussi M. de Charny, boire le calice jusqu'à la fin.

— Je ne crois pas que M. de Charny soit à Versailles, murmura Philippe.

— Pourquoi?

— On m'a dit, je crois, qu'il était..... indisposé.

— Oh! la chose est assez grave pour qu'il vienne, Monsieur. Moi aussi je suis indisposée, pourtant j'irais au bout du monde, pieds nus, pour prouver...

Philippe, le cœur déchiré, s'approcha d'Andrée qui regardait par la fenêtre qui donnait sur les parterres.

— Qu'y a-t-il ? fit la reine en s'avançant vers elle.

— Rien, rien... On disait M. de Charny malade, et je le vois.

— Vous le voyez ? s'écria Philippe en courant à son tour.

— Oui, c'est lui.

La reine, oubliant tout, ouvrit la fenêtre elle-même avec une vigueur extraordinaire, et appela de sa voix.

— Monsieur de Charny !

Celui-ci tourna la tête, et, tout effaré d'étonnement, se dirigea vers le château.

II

Un alibi.

M. de Charny entra, un peu pâle, mais droit et sans souffrance apparente.

A l'aspect de cette compagnie illustre, il prit le maintien respectueux et raide de l'homme du monde et du soldat.

— Prenez garde, ma sœur, dit le comte d'Artois bas à la reine, il me semble que vous interrogez beaucoup de monde.

— Mon frère, j'interrogerai le monde entier, jusqu'à ce que je parvienne à rencontrer quelqu'un qui me dise que vous vous êtes trompé.

Pendant ce temps, Charny avait vu Philippe, et l'avait salué courtoisement.

— Vous êtes un bourreau de votre santé, dit tout bas Philippe à son adversaire. Sortir blessé ! mais, en vérité, vous voulez mourir.

— On ne meurt pas de s'être égratigné à un buisson du bois de Boulogne, répliqua Charny, heureux de rendre à son ennemi une piqûre morale, plus douloureuse que la blessure de l'épée.

La reine se rapprocha et mit fin à ce colloque, qui avait été plutôt un double *à parte* qu'un dialogue.

— Monsieur de Charny, dit-elle, vous étiez, disent ces messieurs, au bal de l'Opéra?

— Oui, Votre Majesté, répondit Charny en s'inclinant.

— Dites-nous ce que vous y avez vu.

— Votre Majesté, demande-t-elle ce que j'y ai vu ou qui j'y ai vu ?

— Précisément... qui vous y avez vu, et pas de discrétion, monsieur de Charny, pas de réticence complaisante.

— Il faut tout dire, Madame ?

Les joues de la reine reprirent cette pâleur qui dix fois depuis le matin avait remplacé une rougeur fébrile.

— Pour commencer, d'après la hiérarchie, d'après la loi de mon respect, répliqua Charny.

— Bien, vous m'avez vue ?

— Oui, Votre Majesté, au moment où le masque de la reine est tombé, par malheur.

Marie-Antoinette froissa dans ses mains nerveuses la dentelle de son fichu.

— Monsieur, dit-elle d'une voix dans laquelle un observateur plus intelligent eût deviné des sanglots prêts à s'exhaler, regardez-moi bien, êtes-vous bien sûr ?

— Madame, les traits de Votre Majesté sont gravés dans les cœurs de tous ses sujets. Avoir vu Votre Majesté une fois, c'est la voir toujours.

Philippe regarda Andrée, Andrée plongea ses regards dans ceux de Philippe. Ces deux douleurs, ces deux jalousies firent une douloureuse alliance.

— Monsieur, répéta la reine en se rapprochant de Charny, je vous assure que je n'ai pas été au bal de l'Opéra.

— Oh! madame, s'écria le jeune homme en courbant profondément son front vers la terre, Votre Majesté n'a-t-elle pas le droit d'aller où bon lui semble, et, fût-ce en enfer, dès que Votre Majesté y a mis le pied, l'enfer est purifié.

— Je ne vous demande pas d'excuser ma démarche, fit la reine ; je vous prie de croire que je ne l'ai pas faite.

— Je croirai tout ce que Votre Majesté m'ordonnera de croire, répondit Charny, ému jusqu'au fond du cœur de cette insistance de la reine, de cette humilité affectueuse d'une femme si fière.

— Ma sœur! ma sœur! c'est trop, murmura le comte d'Artois à l'oreille de Marie-Antoinette.

Car cette scène avait glacé tous les assistants ; les uns par la douleur de leur amour ou de leur amour-propre blessé ; les autres par l'émotion qu'inspire toujours une femme accusée qui se défend avec courage contre des preuves accablantes.

— On le croit! on le croit! s'écria la reine éperdue de colère ; et, découragée, elle tomba sur un fauteuil, essuyant du bout de son doigt, à la dérobée, la trace d'une larme que l'orgueil brûlait au bord de sa paupière. Tout-à-coup elle se releva.

— Ma sœur! ma sœur! pardonnez-moi, dit tendrement le comte d'Artois, vous êtes entourée d'amis dévoués ; ce secret dont vous vous effrayez outre mesure, nous le connaissons seuls, et de nos cœurs où il est renfermé, nul ne le tirera qu'avec notre vie.

— Le secret! le secret! s'écria la reine, oh! je n'en veux pas.

— Ma sœur!

— Pas de secret. Une preuve.

— Madame, dit Andrée, on vient.

— Madame, dit Philippe d'une voix lente, le roi.

— Le roi, dit un huissier dans l'antichambre.

— Le roi! tant mieux. Oh! le roi est

mon seul ami; le roi, lui, ne me jugerait pas coupable, même quand il croirait m'avoir vue en faute; le roi est le bien venu.

Le roi entra. Son regard contrastait avec tout ce désordre et tout ce bouleversement des figures autour de la reine.

— Sire! s'écria celle-ci, vous venez à propos. Sire, encore une calomnie; encore une insulte à combattre.

— Qu'y a-t-il? dit Louis XVI en s'avançant.

— Monsieur, un bruit, un bruit infâme. Il va se propager. Aidez-moi ; aidez-moi, Sire, car cette fois ce ne sont plus des ennemis qui m'accusent : ce sont mes amis.

— Vos amis ?

— Ces messieurs, mon frère, pardon ; M. le comte d'Artois, M. de Tavernay, M. de Charny assurent, m'assurent à moi, qu'ils m'ont vue au bal de l'Opéra.

— Au bal de l'Opéra ! s'écria le roi en fronçant le sourcil.

— Oui, Sire.

Un silence terrible pesa sur cette assemblée.

Madame de La Mothe vit la sombre inquiétude du roi. Elle vit la pâleur mortelle de la reine; d'un mot, d'un seul mot, elle pouvait faire cesser une peine aussi lamentable; elle pouvait d'un mot anéantir toutes les accusations du passé, sauver la reine pour l'avenir.

Mais son cœur ne l'y porta point; son intérêt l'en écarta. Elle se dit qu'il n'était plus temps; que déjà, pour le Baquet, elle avait menti, et qu'en rétractant sa parole, en laissant voir qu'elle avait menti une fois, en montrant à la reine qu'elle l'avait laissée aux prises avec la première accusation, la nouvelle favorite se ruinait du premier coup, — tranchait en herbe le profit de sa faveur future ; — elle se tut.

Alors le roi répéta d'un air plein d'angoisses :

— Au bal de l'Opéra ? Qui a parlé de cela ? Monsieur le comte de Provence le sait-il ?

— Mais ce n'est pas vrai, s'écria la reine, avec l'accent d'une innocence désespérée. Ce n'est pas vrai ; M. le comte d'Artois se trompe, M. de Taverney se trompe. Vous vous trompez, monsieur de Charny. Enfin! on peut se tromper.

Tous s'inclinèrent.

— Voyons! s'écria la reine, qu'on fasse venir mes gens, tout le monde. Qu'on interroge! c'était samedi ce bal, n'est-ce pas?

— Oui, ma sœur.

— Eh bien! qu'ai-je fait samedi? Qu'on me le dise, car en vérité je deviens folle, et si cela continue je croirai moi-même que je suis allée à cet infâme bal de l'Opéra; mais si j'y étais allée, Messieurs, je le dirais.

Tout-à-coup le roi s'approcha, l'œil dilaté, le front riant, les mains étendues.

— Samedi, dit-il, samedi, n'est-ce pas, Messieurs?

— Oui, Sire.

— Eh bien! mais, continua-t-il, de plus en plus calme, de plus en plus joyeux, ce n'est pas à d'autres qu'à votre femme de chambre, Marie, qu'il faut demander cela. Elle se rappellera peut-être à quelle heure je suis entré chez vous ce jour-là; c'était, je crois, vers onze heures du soir.

— Ah! s'écria la reine tout enivrée de joie, oui, Sire.

Elle se jeta dans ses bras; puis, tout-à-coup rouge et confuse de se voir regardée, elle cacha son visage dans la poitrine du roi, qui baisait tendrement ses beaux cheveux.

— Eh bien! dit le comte d'Artois hébété de surprise et de joie tout ensemble, j'achèterai des lunettes; mais, vive Dieu! je ne donnerais pas cette scène pour un million; n'est-ce pas, Messieurs?

Philippe était adossé au lambris, pâle comme la mort. Charny, froid et impassible, venait d'essuyer son front couvert de sueur.

— Voilà pourquoi, Messieurs, dit le roi appuyant avec bonheur sur l'effet qu'il avait produit, voilà pourquoi il est impossible que la reine ait été cette nuit-là au bal de l'Opéra. Croyez-le, si bon vous semble, la reine, j'en suis sûr, se contente d'être crue par moi.

— Eh bien! ajouta le comte d'Artois, M. de Provence en pensera ce qu'il voudra, mais je défie sa femme de prouver de la même façon un alibi, le jour où on l'accusera d'avoir passé la nuit dehors.

— Mon frère !

— Sire, je vous baise les mains.

— Charles, je pars avec vous, dit le roi, après un dernier baiser donné à la reine.

Philippe n'avait pas remué.

— Monsieur de Taverney, fit la reine sévèrement, est-ce que vous n'accompagnez pas M. le comte d'Artois ?

Philippe se redressa soudain. Le sang afflua à ses tempes et à ses yeux. Il faillit s'évanouir. A peine eut-il la force de saluer, de regarder Andrée, de jeter un regard terrible à Charny et de refouler l'expression de sa douleur insensée.

Il sortit.

La reine garda près d'elle Andrée et M. de Charny.

Cette situation d'Andrée, placée entre son frère et la reine, entre son amitié et sa jalousie, nous n'aurions pu l'esquisser sans ralentir la marche de la scène dramatique, dans laquelle le roi arriva comme un heureux dénoûment.

Cependant, rien ne méritait plus notre

attention, que cette souffrance de la jeune fille : elle sentait que Philippe eût donné sa vie pour empêcher le tête-à-tête de la reine et de Charny, et elle s'avouait qu'elle-même eût senti son cœur se briser si, pour suivre et consoler Philippe comme elle devait le faire, elle eût laissé Charny seul librement avec madame de La Mothe et la reine, c'est-à-dire plus librement que seul. Elle le devinait à l'air à la fois modeste et familier de Jeanne.

Ce qu'elle ressentait, comment se l'expliquer?

Etait ce de l'amour? Oh! l'amour, se fût-elle dit, ne germe pas, ne grandit pas avec cette rapidité dans la froide atmosphère des sentiments de cour. L'amour, cette plante rare, se plaît à fleurir dans les cœurs généreux, purs, intacts. Il ne va pas pousser ses racines dans un cœur profané par des souvenirs, dans un sol glacé par des larmes qui s'y concentrent depuis des années. Non, ce n'était pas l'amour que mademoiselle de Taverney ressentait pour M. de Charny. Elle repoussait avec force une pareille idée, parce qu'elle s'était juré de n'aimer jamais rien en ce monde.

Mais alors pourquoi avait-elle tant souffert quand Charny avait adressé à la reine quelques mots de respect et de dévouement. Certes, c'était bien là de la jalousie.

Oui, Andrée s'avouait qu'elle était jalouse, non pas de l'amour qu'un homme pouvait sentir pour une autre femme que pour elle, mais jalouse de la femme qui pouvait inspirer, accueillir, autoriser cet amour.

Elle regardait passer autour d'elle avec mélancolie tous les beaux amoureux de la cour nouvelle. Ces gens vaillants et pleins d'ardeur qui ne la comprenaient point et s'éloignaient après lui avoir offert quelques hommages, les uns parce que sa froideur n'était pas de la philosophie, les autres parce que cette froideur était un étrange contraste avec les vieilles légèretés dans lesquelles Andrée avait dû prendre naissance.

Et puis, les hommes, soit qu'ils cherchent le plaisir, soit qu'ils rêvent à l'amour, se défient de la froideur d'une femme de vingt-cinq ans, qui est belle, qui est riche, qui est la favorite d'une reine, et qui passe seule, glacée, silencieuse et pâle, dans un chemin où la suprême joie et le suprême bonheur sont de faire un souverain bruit.

Ce n'est pas un attrait que d'être un

problème vivant; Andrée s'en était bien aperçue : elle avait vu les yeux se détourner peu à peu de sa beauté, les esprits se défier de son esprit ou le nier. Elle vit même plus : cet abandon devint une habitude chez les anciens, un instinct chez les nouveaux; il n'était pas plus d'usage d'aborder mademoiselle de Taverney et de lui parler, qu'il n'était consacré d'aborder Latone ou Diane à Versailles, dans leur froide ceinture d'eau noircie. — Quiconque avait salué mademoiselle de Taverney, fait sa pirouette et souri à une autre femme, avait accompli son devoir.

Toutes ces nuances n'échappèrent

point à l'œil subtil de la jeune fille. Elle,
dont le cœur avait éprouvé tous les chagrins sans connaître un seul plaisir ;
elle, qui sentait l'âge s'avancer avec un
cortége de pâles ennuis et de noirs souvenirs ; elle invoquait tout bas celui qui
punit plus que celui qui pardonne, et,
dans ses insomnies douloureuses, passant en revue les délices offertes en pâ-
ture aux heureux amants de Versailles,
elle soupirait avec une amertume mortelle.

— Et moi ! mon Dieu ! Et moi !

Lorsqu'elle trouva Charny, le soir du
grand froid, lorsqu'elle vit les yeux du

jeune homme s'arrêter curieusement sur elle et l'envelopper peu à peu d'un réseau sympathique, elle ne reconnut plus cette réserve étrange que témoignaient devant elle tous ses courtisans. Pour cet homme, elle était une femme. Il avait réveillé en elle la jeunesse et avait galvanisé la mort; il avait fait rougir le marbre de Diane et de Latone.

Aussi, mademoiselle de Taverney s'attacha-t-elle subitement à ce régénérateur, qui venait de lui faire sentir sa vitalité. Aussi fut-elle heureuse de regarder ce jeune homme, pour qui elle n'était pas un problème. Aussi fut-elle malheureuse de penser qu'une autre femme allait couper les ailes à sa fantaisie azurée, confisquer son rêve à peine sorti par la porte d'or.

On nous pardonnera d'avoir expliqué ainsi comment Andrée ne suivit pas Philippe hors du cabinet de la reine, bien qu'elle eût souffert l'injure adressée à son frère, bien que ce frère fût pour elle une idolâtrie, une religion, presqu'un amour.

Mademoiselle de Taverney, qui ne voulait pas que la reine restât en tête à tête avec Charny, ne songea plus à prendre sa part de la conversation, après le renvoi de son frère.

Elle s'assit au coin de la cheminée, le dos presque tourné au groupe que formait la reine assise, Charny debout et demi-incliné, madame de La Mothe droite dans l'embrasure de la fenêtre, où sa fausse timidité cherchait un asyle, sa curiosité réelle une observation favorable.

La reine demeura quelques minutes silencieuse; elle ne savait comment renouer une nouvelle conversation à cette explication si délicate qui venait d'avoir lieu.

Charny paraissait souffrant, et son attitude ne déplaisait pas à la reine.

Enfin, Marie-Antoinette rompit le silence, et répondant en même temps à sa propre pensée et à celle des autres :

— Cela prouve, fit-elle tout-à-coup, que nous ne manquons pas d'ennemis. Croirait-on qu'il se passe d'aussi misérables choses à la cour de France. Monsieur. Le croirait-on?

Charny ne répliqua pas.

— Sur vos vaisseaux, continua la reine, quel bonheur de vivre en plein ciel, en pleine mer! On nous parle à nous, citadins, de la colère, de la méchanceté des flots. Ah! Monsieur, Monsieur, regardez-vous! Est-ce que les lames de l'Océan, les plus furieuses lames, n'ont pas jeté sur vous l'écume de leur colère? Est-ce que leurs assauts ne vous ont pas renversé quelquefois sur le pont du navire, souvent, n'est-ce pas? Eh bien! regardez-vous, vous êtes sain, vous êtes jeune, vous êtes honoré.

— Madame!

— Est-ce que les Anglais, continua la reine qui s'animait par degrés, ne vous ont pas envoyé aussi leurs colères de flamme et de mitraille, colères dangereuses pour la vie, n'est-ce pas? Mais que vous importe, à vous? vous êtes sauf, vous êtes fort; et à cause de cette colère des ennemis que vous avez vaincus, le roi vous a félicité, caressé, le peuple sait votre nom et l'aime.

— Eh bien! Madame? murmura Charny, qui voyait avec crainte cette fièvre exalter insensiblement les nerfs de Marie-Antoinette.

— A quoi j'en veux arriver? dit-elle, le voici : Bénis soient les ennemis qui lancent sur nous la flamme, le fer, l'onde écumante; bénis soient les ennemis qui ne menacent que de la mort !

— Mon Dieu! Madame, répliqua Charny, il n'y a pas d'ennemis pour Votre Majesté; — il n'y en a pas plus que de serpents pour l'aigle. — Tout ce qui rampe en bas attaché au sol ne gêne pas ceux qui planent dans les nuages.

— Monsieur, se hâta de répondre la reine, vous êtes, je le sais, revenu sain et sauf de la bataille, sorti sain et sauf de la tempête; vous en êtes sorti triomphant et aimé, tandis que ceux dont un ennemi, comme nous en avons nous autres, salit la renommée avec sa bave de calomnie, ceux-là ne courent aucun risque de la vie, c'est vrai, mais ils vieillissent après chaque tempête ; ils s'habituent à courber le front, dans la crainte de rencontrer, ainsi que j'ai fait aujourd'hui, la double injure des amis et des ennemis, fondue en une seule attaque. Et puis, Monsieur, si vous saviez combien il est dur d'être haï !

Andrée attendit avec anxiété la réponse du jeune homme ; elle tremblait qu'il ne répliquât par la consolation affectueuse que semblait solliciter la reine.

Mais Charny, tout au contraire, essuya son front avec son mouchoir, chercha un point d'appui sur le dossier d'un fauteuil et pâlit.

La reine, le regardant :

— Ne fait-il pas trop chaud, ici ? dit-elle.

Madame de La Mothe ouvrit la fenêtre avec sa petite main, qui secoua l'espagnolette comme eût fait le poing vigoureux d'un homme. Charny but l'air avec délices.

— Monsieur est accoutumé au vent de la mer, il étouffera dans les boudoirs de Versailles.

— Ce n'est point cela, Madame, répondit Charny, mais j'ai un service à deux heures, et à moins que Sa Majesté ne m'ordonne de rester...

— Non pas, Monsieur, dit la reine, nous savons ce que c'est qu'une consigne, n'est-ce pas, Andrée ?

Puis, se retournant vers Charny, et avec un ton légèrement piqué :

— Vous êtes libre, Monsieur, dit-elle.

Et elle congédia le jeune officier du geste.

Charny salua en homme qui se hâte, et disparut derrière la tapisserie.

Au bout de quelques secondes on entendit dans l'antichambre comme une plainte, et comme le bruit que font plusieurs personnes en se pressant.

La reine se trouvait près de la porte, soit par hasard, soit qu'elle eût voulu suivre des yeux Charny, dont la retraite précipitée lui avait paru extraordinaire.

Elle leva la tapisserie, poussa un faible cri et parut prête à s'élancer.

Mais Andrée, qui ne l'avait pas perdue de vue. se trouva entre elle et la porte.

— Oh! Madame! fit-elle.

La reine regarda fixement Andrée, qui soutint fermement ce regard.

Madame de La Mothe allongea la tête.

Entre la reine et Andrée était un léger intervalle, et par cet intervalle elle put voir M. de Charny évanoui, auquel les serviteurs et les gardes portaient secours.

La reine, voyant le mouvement de madame de La Mothe, referma vivement la porte.

Mais trop tard ; madame de La Mothe avait vu.

Marie-Antoinette, le sourcil froncé, la démarche pensive, alla se rasseoir dans son fauteuil; elle était en proie à cette préoccupation sombre qui suit toute émotion violente. On n'eût pas dit qu'elle se doutât qu'on vécût autour d'elle.

Andrée, de son côté, quoique restée debout et appuyée à un mur, ne semblait pas moins distraite que la reine.

Il se fit un moment de silence.

— Voilà quelque chose de bizarre, dit tout haut et tout-à-coup la reine, dont la parole fit tressaillir ses deux compagnes surprises, tant cette parole était inattendue : M. de Charny me paraît douter encore...

— Douter de quoi ? Madame, demanda Andrée.

— Mais de mon séjour au château la nuit de ce bal.

— Oh ! Madame.

— N'est-ce pas, comtesse, n'est-ce pas que j'ai raison, dit la reine, et que M. de Charny doute encore ?

— Malgré la parole du roi, oh ! c'est impossible, Madame, fit Andrée.

— On peut penser que le roi est venu par amour-propre à mon secours. Oh! il ne croit pas! non, il ne croit pas! c'est facile à voir.

Andrée se mordit les lèvres.

— Mon frère n'est point si incrédule que M. de Charny, dit-elle ; il paraissait bien convaincu, lui.

— Oh! ce serait mal, continua la reine, qui n'avait point écouté la réponse d'Andrée. Et, dans ce cas-là, ce jeune homme n'aurait point le cœur droit et pur comme je le pensais.

Puis frappant dans ses mains avec colère :

— Mais, au bout du compte, s'écria-t-elle, s'il a vu, pourquoi croirait-il? M. le comte d'Artois aussi a vu, M. Philippe aussi a vu, il le dit du moins ; tout le monde avait vu, et il a fallu la parole du roi pour qu'on croie ou plutôt pour qu'on fasse semblant de croire. Oh! il y a quelque chose sous tout cela, quelque chose que je dois éclaircir, puisque nul n'y songe. N'est-ce pas, Andrée, qu'il faut que je cherche et découvre la raison de tout ceci ?

— Votre Majesté a raison, dit Andrée, et je suis sûr que madame de La Mothe est de mon avis et qu'elle pense que Votre Majesté doit chercher jusqu'à ce qu'elle trouve. N'est-ce pas, Madame.

Madame de La Mothe, prise au dépourvu, tressaillit et ne répondit pas.

— Car enfin, continua la reine, on dit m'avoir vue chez Mesmer.

— Votre Majesté y était, se hâta de dire madame de La Mothe avec un sourire.

— Soit, répondit la reine, mais je n'y ai point fait ce que dit le pamphlet. Et puis, on m'a vue à l'Opéra, et là je n'y étais point.

Elle réfléchit; puis tout-à-coup, et vivement :

— Oh! s'écria-t-elle, je tiens la vérité.

— La vérité ? balbutia la comtesse.

— Oh! tant mienx ! dit Andrée.

— Qu'on fasse venir M. de Crosne, interrompit joyeusement la reine à madame de Misery qui entra.

III.

Monsieur de Crosne.

M. de Crosne, qui était un homme fort poli se trouvait on ne peut plus embarrassé depuis l'explication du roi et de la reine.

Ce n'est pas une médiocre difficulté que la parfaite connaissance de tous les secrets d'une femme, surtout quand cette femme est la reine, et qu'on a mission de prendre les intérêts d'une couronne et le soin d'une renommée.

M. de Crosne sentit qu'il allait porter tout le poids d'une colère de femme et d'une indignation de reine; mais il s'était courageusement retranché dans son devoir, et son urbanité bien connue devait lui servir de cuirasse pour amortir les premiers coups.

Il entra paisiblement, le sourire sur les lèvres.

La reine, elle, ne souriait pas.

— Voyons, monsieur de Crosne, dit-elle, à notre tour de nous expliquer.

— Je suis aux ordres de Votre Majesté.

— Vous devez savoir la cause de tout ce qui m'arrive, Monsieur le lieutenant de police?

M. de Crosne regarda autour de lui d'un air un peu effaré.

— Ne vous inquiétez pas, poursuivit la reine ; vous connaissez parfaitement ces deux dames : vous connaissez tout le monde, vous.

— A peu près, dit le magistrat ; je connais les personnes, je connais les effets, mais je ne connais pas la cause de ce dont parle Votre Majesté.

— J'aurai donc le déplaisir de vous l'apprendre, répliqua la reine, dépitée de cette tranquillité du lieutenant de police. Il est bien évident que je pourrais vous donner mon secret, comme on donne ses secrets, à voix basse ou à l'écart; mais j'en suis venue, Monsieur, à toujours rechercher le grand jour et la pleine voix. Eh bien! j'attribue les effets, vous nommez cela ainsi, les effets dont je me plains, à la mauvaise conduite d'une personne qui me ressemble, et qui se donne en spectacle partout où vou croyez me voir, vous, Monsieur, ou vos agents.

— Une ressemblance! s'écria M. de Crosne, trop occupé de soutenir l'attaque de la reine pour remarquer le trouble passager de Jeanne et l'exclamation d'Andrée.

— Est-ce que vous trouveriez cette supposition impossible, Monsieur le lieutenant de police? Est-ce que vous aimeriez mieux croire que je me trompe ou que je vous trompe?

— Madame, je ne dis pas cela ; mais,

quelle que soit la ressemblance entre toute femme et Votre Majesté, il y a une telle différence que nul regard exercé ne pourra s'y tromper.

— On peut s'y tromper, Monsieur, puisque l'on s'y trompe.

— Et j'en fournirais un exemple à Votre Majesté, fit Andrée.

— Ah !...

— Lorsque nous habitions Taverney-Maison-Rouge, avec mon père, nous avions une fille de service qui, par une étrange bizarrerie...

— Me ressemblait !

— Oh! Votre Majesté, c'était à s'y méprendre.

— Et cette fille, qu'est-elle devenue?

— Nous ne savions pas encore à quel point l'esprit de Sa Majesté est généreux, élevé, supérieur; mon père craignit que cette ressemblance déplût à la reine, et, quand nous étions à Trianon, nous cachions cette fille aux yeux de toute la cour.

— Vous voyez bien, monsieur de Crosne. Ah! ah! cela vous intéresse.

— Beaucoup, Madame.

— Ensuite? ma chère Andrée.

— Eh bien, Madame, cette fille qui était un esprit remuant, ambitieux, s'ennuya d'être ainsi sequestrée ; elle fit une mauvaise connaissance, sans doute, et un soir, à mon coucher, je fus surprise de ne la plus voir. On la chercha. Rien. Elle avait disparu.

— Elle vous avait bien un peu volé quelque chose, ma Sosie ?

— Non, Madame, je ne possédais rien.

Jeanne avait écouté ce colloque avec une attention facile à comprendre.

— Ainsi, vous ne saviez pas tout cela,

monsieur de Crosne? demanda la reine.

— Non, Madame.

— Ainsi, il existe une femme dont la ressemblance avec moi est frappante, et vous ne le savez pas! Ainsi, un évènement de cette importance se produit dans le royaume et y cause de graves désordres, et vous n'êtes pas le premier instruit de cet évènement? Allons, avouons-le, Monsieur : la police est bien mal faite?

— Mais, répondit le magistrat, je vous assure que non, Madame. Libre au vulgaire d'élever les fonctions du lieutenant de police jusqu'à la hauteur des fonctions d'un Dieu. Mais, Votre Majesté, qui siége bien au-dessus de moi dans cet Olympe terrestre, sait bien que les magistrats du roi ne sont que des hommes, je ne commande pas aux évènements, moi. Il y en a de si étranges, que l'intelligence humaine suffit à peine à les comprendre.

— Monsieur, quand un homme a reçu tous les pouvoirs possibles pour pénétrer jusque dans les pensées de ses semblables ; quand avec des agents il paie des espions, quand avec des espions il peut noter jusqu'aux gestes que je fais devant mon miroir, si cet homme n'est pas le maître des évènements...

— Madame, quand Votre Majesté a passé la nuit hors de son appartement, je l'ai su. Ma police était-elle bien faite? Oui, n'est-ce pas? Ce jour-là Votre Majesté était allée chez Madame, que voici, rue Saint-Claude, au Marais. Cela ne me regarde pas. Lorsque vous avez paru au baquet de Mesmer avec madame de Lamballe, vous y êtes bien allée, je crois; ma police a été bien faite, puisque les agents vous ont vue. Quand vous êtes allée à l'Opéra...

La reine dressa vivement la tête.

— Laissez-moi dire, Madame. Je dis vous, comme M. le comte d'Artois a dit vous. Si le beau-frère se méprend aux traits de sa sœur, à plus forte raison se méprendra un agent qui touche un petit écu par jour. L'agent vous a cru voir, il l'a dit. Ma police était encore bien faite ce jour-là. — Direz-vous aussi, Madame, que mes agents n'ont pas bien suivi cette affaire du gazetier Reteau, si bien étrillé par M. de Charny ?

— Par M. de Charny ! s'écrièrent à la fois Andrée et la reine.

— L'évènement n'est pas vieux, Madame, et les coups de canne sont encore chauds sur les épaules du gazetier. Voilà une de ces aventures qui faisaient le triomphe de M. de Sartines, mon prédécesseur, alors qu'il les contait si spirituellement au feu roi ou à la favorite.

— M. de Charny s'est commis avec ce misérable?

— Je ne l'ai su que par ma police, si calomniée, Madame, et vous m'avouerez qu'il a fallu quelqu'intelligence à cette police pour découvrir le duel qui a suivi cette affaire.

— Un duel de M. de Charny! M. de Charny s'est battu! s'écria la reine.

— Avec le gazetier? dit ardemment Andrée.

— Oh! non, Mesdames; le gazetier tant battu n'aurait pas donné à M. de Charny le coup d'épée qui l'a fait se trouver mal dans votre antichambre.

— Blessé! il est blessé! s'écria la reine. Blessé! mais quand cela? mais comment? Vous vous trompez monsieur de Crosne.

— Oh! Madame, Votre Majesté me trouve assez souvent en défaut pour m'accorder cette fois que je n'y suis pas.

— Tout à l'heure il était ici.

— Je le sais bien.

— Oh! mais, dit Andrée, j'ai bien vu, moi, qu'il souffrait.

Et ces mots, elle les prononça de telle façon que la reine en découvrit l'hostilité, et se retourna vivement.

Le regard de la reine fut une riposte qu'Andrée soutint avec énergie.

— Que dites-vous, fit Marie-Antoinette; vous avez remarqué que M. de

Charny souffrait, et vous ne l'avez pas dit !

Andrée ne répondit pas. Jeanne voulut venir au secours de la favorite, dont il fallait se faire une amie.

— Moi aussi, reprit-elle, j'ai cru m'apercevoir que M. de Charny se soutenait difficilement pendant tout le temps que Sa Majesté lui faisait l'honneur de lui parler.

— Difficilement, oui, dit la fière Andrée, qui ne remercia pas même la comtesse avec un regard.

M. de Crosne, lui qu'on interrogeait,

savourait à l'aise ses observations sur les trois femmes, dont pas une, Jeanne exceptée, ne se doutait qu'elle posait devant un lieutenant de police.

Enfin la reine reprit :

— Monsieur, avec qui et pourquoi M. de Charny s'est-il battu ?

Pendant ce temps, Andrée put reprendre contenance.

— Avec un gentilhomme qui... Mais, mon Dieu ! Madame, c'est bien inutile à présent. . Les deux adversaires sont en fort bonne intelligence à l'heure qu'il est puisque tout présentement ils causaient ensemble devant Votre Majesté.

— Devant moi... ici ?

— Ici même... d'où le vainqueur est sorti le premier, voilà vingt minutes peut-être.

— M. de Taverney ! s'écria la reine avec un éclair de rage dans les yeux.

— Mon frère ! murmura Andrée, qui se reprocha d'avoir été assez égoïste pour ne pas tout comprendre.

— Je crois, dit M. de Crosne, que c'est en effet avec M. Philippe de Taverney que M. de Charny s'est battu.

La reine frappa violemment ses mains

l'une contre l'autre, ce qui était l'indice de sa plus chaude colère.

— C'est inconvenant... inconvenant, dit-elle... Quoi!... les mœurs d'Amérique apportées à Versailles... Oh! non, je ne m'en accommoderai pas, moi.

Andrée baissa la tête, M. de Crosne également.

— Ainsi, parce qu'on a couru avec M. Lafayette et Wasingthon, — la reine affecta de prononcer ce nom à la française, — ainsi, l'on transformera ma cour en une lice du XVIe siècle ; non, encore une fois, non. Andrée, vous deviez savoir que votre frère s'est battu.

— Je l'apprends, Madame, répondit-elle.

— Pourquoi s'est-il battu ?

— Nous aurions pu le demander à M. de Charny, qui s'est battu avec lui, fit Andrée pâle et les yeux brillants.

— Je ne demande pas, répondit arrogamment la reine, ce qu'a fait M. de Charny, mais bien ce qu'a fait M. Philippe de Taverney.

— Si mon frère s'est battu, dit la jeune fille en laissant tomber une à une ses paroles, ce ne peut-être contre le service de Votre Majesté.

— Est-ce à dire que M. de Charny ne se battait pas pour mon service, Mademoiselle?

— J'ai l'honneur de faire observer à Votre Majesté, répondit Andrée, du même ton, que je ne parle à la reine que de mon frère, et non d'un autre.

Marie-Antoinette se tint calme, et, pour en venir là, il lui fallut toute la force dont elle était capable.

Elle se leva, fit un tour dans la chambre, feignit de se regarder au miroir, prit un volume dans un casier de laque, en parcourut sept à huit lignes, puis le jeta.

— Merci, monsieur de Crosne, dit-elle au magistrat, vous m'avez convaincue. J'avais la tête un peu bouleversée par tous ces rapports, par toutes ces suppositions. Oui, la police est très bien faite, Monsieur; mais, je vous en prie, songez à cette ressemblance dont je vous ai parlé, n'est-ce pas, Monsieur. Adieu.

Elle lui tendit sa main avec une grâce suprême, et il partit doublement heureux et renseigné au décuple.

Andrée sentit la nuance de ce mot :
ADIEU ; elle fit une révérence longue et
solennelle.

La reine lui dit adieu négligemment,
mais sans rancune apparente.

Jeanne s'inclina comme devant un autel sacré ; elle se préparait à prendre congé.

Madame de Misery entra.

— Madame, dit-elle à la reine, Votre Majesté n'a-t-elle pas donné heure à messieurs Bœhmer et Bossange ?

— Ah ! c'est vrai, ma bonne Misery ;

c'est vrai. Qu'ils entrent. Restez encore, madame de La Mothe, je veux que le roi fasse une paix plus complète avec vous.

La reine, en disant ces mots, guettait dans une glace l'expression du visage d'Andrée, qui gagnait lentement la porte du vaste cabinet.

Elle voulait peut-être piquer sa jalousie en favorisant ainsi la nouvelle venue.

Andrée disparut sous les pans de la tapisserie ; elle n'avait ni sourcillé ni tressailli.

—Acier!, acier! s'écria la reine en soupirant. Oui, acier, que ces Taverney, mais or aussi.

—Ah! Messieurs les joàilliers, bonjour. Que m'apportez-vous de nouveau? Vous savez bien que je n'ai pas d'argent.

IV

La Tentatrice.

Madame de La Mothe avait repris son poste ; à l'écart comme une femme modeste, debout et attentive comme une femme à qui l'on a permis de rester et d'écouter.

MM. Bœhmer et Bossange, en habits de cérémonies, se présentèrent à l'audience de la souveraine. Ils multiplièrent leurs saluts jusqu'au fauteuil de Marie-Antoinette.

— Des joailliers, dit-elle soudain, ne viennent ici que pour parler joyaux. Vous tombez mal, Messieurs.

M. Bœhmer prit la parole, c'était l'orateur de l'association.

— Madame, répliqua-t-il, nous ne venons point offrir des marchandises à Votre Majesté, nous craindrions d'être indiscrets.

— Oh! fit la reine, qui se repentait déjà d'avoir témoigné trop de courage, voir des joyaux, ce n'est pas en acheter?

— Sans doute, Madame, continua Bœhmer en cherchant le fil de sa phrase, mais nous venons pour accomplir un devoir, et cela nous a enhardis.

— Un devoir... fit la reine avec étonnement.

— Il s'agit encore de ce beau collier de diamants que Votre Majesté n'a pas daigné prendre.

— Ah! bien... le collier... Nous y voilà revenus! s'écria Marie-Antoinette en riant.

Bœhmer demeura sérieux.

— Le fait est qu'il était beau, monsieur Bœhmer, poursuivit la reine.

— Si beau, Madame, dit Bossange timidement, que Votre Majesté seule était digne de le porter.

— Ce qui me console, fit Marie-Antoinette avec un léger soupir qui n'échappa point à madame de La Mothe, ce qui me console, c'est qu'il coûtait... un million et demi, n'est-ce pas, monsieur Bœhmer?

— Oui, Votre Majesté.

— Et que, continua la reine, en cet aimable temps où nous vivons, quand les cœurs des peuples se sont refroidis comme le soleil de Dieu, il n'est plus de souverain qui puisse acheter un collier de diamants quinze cent mille livres.

— Quinze cent mille livres! répéta comme un écho fidèle madame de La Mothe.

— En sorte que, Messieurs, ce que je n'ai pu, ce que je n'ai pas dû acheter, personne ne l'aura... Vous me répondrez que les morceaux en sont bons. C'est vrai ; mais je n'envierai à personne deux ou trois diamants ; j'en pourrais envier soixante.

La reine se frotta les mains avec une sorte de satisfaction dans laquelle entrait pour quelque chose le désir de narguer un peu MM. Bœhmer et Bossange.

— Voilà justement en quoi Votre Majesté fait erreur, dit Bœhmer, et voilà aussi de quelle nature est le devoir que nous venions accomplir auprès d'elle : le collier est vendu.

— Vendu ! s'écria la reine en se retournant.

— Vendu! dit madame de La Mothe, à qui le mouvement de sa protectrice inspira de l'inquiétude pour sa prétendue abnégation.

— A qui donc? reprit la reine.

— Ah! Madame, ceci est un secret d'État.

— Un secret d'État! bon, nous en pouvons rire, exclama joyeusement Marie-Antoinette. Ce qu'on ne dit pas, souvent, c'est qu'on ne pourrait le dire, n'est-ce pas, Bœhmer?

— Madame.

— Oh! les secrets d'État; mais cela nous est familier à nous autres. Prenez garde, Bœhmer, si vous ne me donnez pas le vôtre, je vous le ferai voler par un employé de M. de Crosne.

Et elle se mit à rire de bon cœur, manifestant sans voile son opinion sur le prétendu secret qui empêchait Bœhmer et Bossange de révéler le nom des acquéreurs du collier.

— Avec Votre Majesté, dit gravement Bœhmer, on ne se comporte pas comme avec d'autres clients; nous sommes venus dire à Votre Majesté que le collier était vendu, parce qu'il est vendu, et nous avons dû taire le nom de l'acquéreur, parce qu'en effet l'acquisition s'est faite secrètement, à la suite du voyage d'un ambassadeur envoyé incognito.

La reine à ce mot, ambassadeur, fut prise d'un nouvel accès d'hilarité. Elle se tourna vers madame de La Mothe en lui disant :

— Ce qu'il y a d'admirable dans Bœhmer, c'est qu'il est capable de croire ce qu'il vient de me dire. — Voyons, Bœhmer, seulement le pays d'où vient cet ambassadeur ?... Non, c'est trop, fit-elle en riant... la première lettre de son nom ? voilà tout...

Et lancée dans le rire, elle ne s'arrêta plus.

— C'est M. l'ambassadeur de Portugal, dit Bœhmer en baissant la voix, comme pour sauver au moins son secret des oreilles de madame de La Mothe.

A cette articulation si positive, si nette, la reine s'arrêta tout-à-coup.

— Un ambassadeur de Portugal! dit-elle; il n'y en a pas ici, Bœhmer.

— Il en est venu un exprès, Madame.

— Chez vous... incognito?

— Oui, Madame.

— Qui donc ?

— M. de Souza.

La reine ne répliqua pas. Elle balança un moment sa tête ; puis, en femme qui a pris son parti :

— Eh bien! dit-elle, tant mieux pour S. M. la reine de Portugal ; les diamants sont beaux. N'en parlons plus.

— Madame, au contraire ; Votre Majesté daignera me permettre d'en parler...

— Nous permettre, dit Bœhmer en regardant son associé.

Bossange salua.

— Les connaissez-vous, ces diamants, comtesse? s'écria la reine avec un regard à l'adresse de Jeanne.

— Non, Madame.

— De beaux diamants!... C'est dommage que ces Messieurs ne les aient point apportés.

— Les voici, fit Bossange avec empressement.

Et il tira du fond de son chapeau, qu'il portait sous son bras, la petite boîte plate qui renfermait cette parure.

— Voyez, voyez, comtesse, vous êtes femme, cela vous amusera, dit la reine.

Et elle s'écarta un peu du guéridon de Sèvres sur lequel Bœhmer venait d'étaler avec art le collier, de façon à ce que le jour, en frappant les pierres, en fît jaillir les feux d'un plus grand nombre de facettes.

Jeanne poussa un cri d'admiration. Et de fait, rien n'était plus beau ; on eût dit une langue de feux, tantôt verts et rouges, tantôt blancs comme la lumière elle-même. Bœhmer faisait osciller l'écrin et ruisseler les merveilles de ces flammes liquides.

— Admirable ! admirable ! s'écria Jeanne en proie au délire d'une admiration enthousiaste.

— Quinze cent mille livres qui tiendraient dans le creux de la main, répliqua la reine, avec l'affectation d'un flegme philosophique que M. Rousseau, de Genève, eût déployé en pareille circonstance.

Mais Jeanne vit autre chose dans ce dédain que le dédain lui-même, car elle ne perdit pas l'espoir de convaincre la reine, et après un long examen :

— Monsieur le joaillier avait raison,

dit-elle ; il n'y a au monde qu'une reine digne de porter ce collier, c'est Votre Majesté.

— Cependant, ma Majesté ne le portera pas, répliqua Marie-Antoinette.

— Nous n'avons pas dû le laisser sortir de France, Madame, sans venir déposer aux pieds de Votre Majesté tous nos regrets. C'est un joyau que toute l'Europe connaît maintenant et qu'on se dispute. Que telle ou telle souveraine s'en pare au refus de la reine de France, notre orgueil national le permettra, quand vous, Madame, vous aurez encore une fois, définitivement, irrévocablement refusé.

— Mon refus a été prononcé, répondit la reine. Il a été public. On m'a trop louée pour que je m'en repente.

— Oh! Madame, dit Bœhmer, si le peuple a trouvé beau que Votre Majesté préférât un vaisseau à un collier, la noblesse qui est française aussi n'aurait pas trouvé surprenant que la reine de France achetât un collier après avoir acheté un vaisseau.

— Ne parlons plus de cela, fit Marie-Antoinette, en jetant un dernier regard à l'écrin.

Jeanne soupira, pour aider le soupir de la reine.

— Ah! vous soupirez, vous, comtesse. Si vous étiez à ma place vous feriez comme moi.

— Je ne sais pas, murmura Jeanne.

— Avez-vous bien regardé? se hâta de dire la reine.

— Je regarderais toujours, Madame.

— Laissez cette curieuse, Messieurs; elle admire. Cela n'ôte rien aux diamants; ils valent toujours quinze cent mille livres, malheureusement.

Ce mot là sembla une occasion favorable à la comtesse.

La reine regrettait, donc elle avait eu envie. Elle avait eu envie, donc elle devait désirer encore, n'ayant pas été satisfaite. Telle était la logique de Jeanne, il faut le croire, puisqu'elle ajouta :

— Quinze cent mille livres, Madame, qui, à votre col, feraient mourir de jalousie toutes les femmes, fussent-elles Cléopâtre, fussent-elles Vénus.

Et, saisissant dans l'écrin le royal collier, elle l'agrafa si habilement, si prestidigieusement sur la peau satinée de

Marie-Antoinette, que celle-ci se trouva en un clin d'œil inondée de phosphore et de chatoyantes couleurs.

— Oh! Votre Majesté est sublime ainsi, dit Jeanne.

Marie-Antoinette s'approcha vivement d'un miroir : elle éblouissait.

Son col fin et souple autant que celui de Jane Gray, ce col mignon comme le tube d'un lys, destiné comme la fleur de Virgile à tomber sous le fer, s'élevait gracieusement avec ses boucles dorées et frisées du sein de ce flot lumineux.

Jeanne avait osé découvrir les épaules

de la reine, en sorte que les derniers rangs du collier tombaient sur sa poitrine de nacre. La reine était radieuse, la femme était superbe. Amants ou sujets, tout se fût prosterné.

Marie-Antoinette s'oublia jusqu'à s'admirer ainsi. Puis, saisie de crainte, elle voulut arracher le collier de ses épaules.

— Assez, dit-elle, assez!

— Il a touché Votre Majesté, s'écria Bœhmer, il ne peut plus convenir à personne.

— Impossible, répliqua fermement la reine. Messieurs, j'ai un peu joué avec ces diamants ; mais prolonger le jeu, ce serait une faute.

— Votre Majesté a tout le temps nécessaire pour s'accoutumer à cette idée, glissa Bœhmer à la reine ; demain nous reviendrons.

— Payer tard, c'est toujours payer. Et puis, pourquoi payer tard ? Vous êtes pressés. On vous paie sans doute plus avantageusement ?

— Oui, Votre Majesté, comptant, riposta le marchand, redevenu marchand.

— Prenez ! prenez ! s'écria la reine ; dans l'écrin les diamants. Vite ! vite !

— Votre Majesté oublie peut-être qu'un pareil joyau, c'est de l'argent, et que dans cent ans le collier vaudra toujours ce qu'il vaut aujourd'hui.

— Donnez-moi quinze cent mille livres, comtesse, répliqua en souriant forcément la reine, et nous verrons.

— Si je les avais, s'écria celle-ci ; oh !...

Elle se tut. Les longues phrases ne valent pas toujours une heureuse réticence.

Bœhmer et Bossange eurent beau mettre un quart d'heure à serrer, à cadenasser leurs diamants, la reine ne bougea plus.

On voyait à son air affecté, à son silence, que l'impression avait été vive, la lutte pénible.

Selon son habitude, dans les moments de dépit, elle allongea la main vers un livre, dont elle feuilleta quelques pages sans lire.

Les joailliers prirent congé en disant :

— Votre Majesté a refusé ?

— Oui... et oui, soupira la reine, qui, cette fois, soupira pour tout le monde.

Ils sortirent.

Jeanne vit que le pied de Marie-Antoinette s'agitait au-dessus du coussin de velours dans lequel son empreinte était marquée encore.

— Elle souffre pensa la comtesse immobile.

Tout-à-coup la reine se leva, fit un tour dans sa chambre, et s'arrêtant devant Jeanne dont le regard la fascinait :

— Comtesse, dit-elle d'une voix brève, il paraît que le roi ne viendra pas. Notre petite supplique est remise à une prochaine audience.

Jeanne salua respectueusement et se recula jusqu'à la porte.

— Mais je penserai à vous, ajouta la reine avec bonté.

Jeanne appuya ses lèvres sur sa main, comme si elle y déposait son cœur, et sortit, laissant Marie-Antoinette toute possédée de chagrins et de vertiges.

— Les chagrins de l'impuissance, les vertiges du désir, se dit Jeanne. Et elle est reine ! Oh ! non, elle est femme !

La comtesse disparut.

V

Deux ambitions qui veulent passer pour deux amours.

Jeanne aussi était femme, et sans être reine.

Il en résulta qu'à peine dans sa voiture, Jeanne compara ce beau palais de Versailles, ce riche et splendide ameublement, à son quatrième étage de la rue Saint-Gilles ; ces laquais magnifiques à sa vieille servante.

Mais presqu'aussitôt l'humble mansarde et la vieille servante s'enfuirent dans l'ombre du passé, comme une de ces visions qui, n'existant plus, n'ont jamais existé, et Jeanne vit sa petite maison du faubourg Saint-Antoine si distinguée, si gracieuse, si confortable, comme on dirait de nos jours, avec ses laquais moins brodés que ceux de Versailles, mais aussi respectueux, aussi obéissants.

Cette maison et ces laquais c'était son Versailles à elle ; elle y était non moins reine que Marie-Antoinette, et ses désirs formés, pourvu qu'elle sût les borner, non pas au nécessaire, mais au raisonnable, étaient aussi bien et aussi vite exécutés que si elle eût tenu le sceptre.

Ce fut donc avec le front épanoui et le sourire sur les lèvres, que Jeanne rentra chez elle. Il était de bonne heure encore ; elle prit du papier, une plume et de l'encre, écrivit quelques lignes, les introduisit dans une enveloppe fine et parfumée, traça l'adresse et sonna.

A peine la dernière vibration de la sonnette avait-elle retenti, que la porte s'ouvrait et qu'un laquais, debout, attendait sur le seuil.

— J'avais raison, murmura Jeanne, la reine n'est pas mieux servie.

Puis étendant la main :

— Cette lettre à monseigneur le cardinal de Rohan, dit-elle.

Le laquais s'avança, prit le billet et sortit sans dire un mot, avec cette obéissance muette des valets de bonne maison.

La comtesse tomba dans une profonde rêverie, rêverie qui n'était pas nouvelle, mais qui faisait suite à celle de la route.

Cinq minutes ne s'étaient pas écoulées qu'on gratta à la porte.

— Entrez, dit madame de La Mothe.

Le même laquais reparut.

— Eh bien! demanda madame de La Mothe avec un léger mouvement d'impatience en voyant que son ordre n'était point exécuté.

— Au moment où je sortais pour exécuter les ordres de madame la comtesse, dit le laquais, Monseigneur frappait à la porte. Je lui ai dit que j'allais à son hôtel. Il a pris la lettre de madame la comtesse, l'a lue, a sauté en bas de sa voiture et est entré en disant :

— C'est bien ; annoncez-moi.

— Après.

— Monseigneur est là ; il attend qu'il plaise à Madame de le faire entrer.

Un léger sourire passa sur les lèvres de la comtesse. Au bout de deux secondes :

— Faites entrer, dit-elle enfin, avec un accent de satisfaction marquée.

Ces deux secondes avaient-elles pour but de faire attendre dans son antichambre un prince de l'Eglise, ou bien étaient-elles nécessaires à madame de La Mothe pour achever son plan ?

Le prince parut sur le seuil.

En rentrant chez elle, en envoyant chercher le cardinal, en éprouvant une si grande joie de ce que le cardinal était là, Jeanne avait donc un plan ?

Oui, car la fantaisie de la reine, pareille à un de ces feux follets qui éclairent tout une vallée aux sombres accidents, cette fantaisie de reine et surtout de femme venait d'ouvrir aux regards de l'intrigante comtesse tous les secrets replis d'une âme trop hautaine, d'ailleurs, pour prendre de grandes précautions à les cacher.

La route est longue, de Versailles à Paris, et quand on la fait côte à côte avec le démon de la cupidité, il a le temps de vous souffler à l'oreille les plus hardis calculs.

Jeanne se sentait ivre de ce chiffre de quinze cent mille livres, épanoui en diamants, sur le satin blanc de l'écrin de MM. Bœhmer et Bossange.

Quinze cent mille livres, n'était-ce pas, en effet, une fortune de prince, et surtout pour la pauvre mendiante qui, il y a un mois encore, tendait la main à l'aumône des grands?

Certes, il y avait plus loin de la Jeanne de Valois de la rue Saint-Gilles, à la Jeanne de Valois du faubourg Saint-Antoine, qu'il n'y en avait de la Jeanne de Valois du faubourg Saint-Antoine à la Jeanne de Valois maîtresse du collier.

Elle avait donc déjà franchi plus de la moitié du chemin qui menait à la fortune.

Et cette fortune que Jeanne convoitait, ce n'était pas une illusion comme l'est le mot d'un contrat, comme l'est une possession territoriale, toutes choses premières, sans doute, mais auxquelles a besoin de s'adjoindre l'intelligence de l'esprit ou des yeux.

Non, ce collier, c'était bien autre chose qu'un contrat ou une terre ; ce collier, c'était la fortune visible ; aussi était-il là, toujours là, brûlant et fascinateur ; et puisque la reine le désirait, Jeanne de Valois pouvait bien y rêver ; puisque la reine savait s'en priver, madame de La Mothe pouvait bien y borner son ambition.

Aussi mille idées vagues, ces fantômes étranges aux contours nuageux que le poète Aristophane disait s'assimiler aux hommes dans leurs moments de passion, mille envies, mille rages de posséder prirent pour Jeanne pendant cette route de Paris à Versailles, la forme de loups, de renards et de serpents ailés.

Le cardinal, qui devait réaliser ses rêves, les interrompit en répondant par sa présence inattendue au désir que madame de La Mothe avait de le voir.

Lui aussi avait ses rêves, lui aussi avait son ambition, qu'il cachait sous un masque d'empressement, sous un semblant d'amour.

— Ah! chère Jeanne, dit-il, c'est vous. Vous m'êtes devenue, en vérité, si nécessaire, que toute ma journée s'est assombrie de l'idée que vous étiez loin de moi. Êtes-vous venue en bonne santé de Versailles, au moins?

— Mais comme vous voyez, Monseigneur.

— Et contente?

— Enchantée.

— La reine vous a donc reçue?

— Aussitôt mon arrivée, j'ai été introduite auprès d'elle.

— Vous avez du bonheur. Gageons, à votre air triomphant, que la reine vous a parlé?

— J'ai passé trois heures à peu près dans le cabinet de Sa Majesté.

Le cardinal tressaillit, et peu s'en fallut qu'il ne répétât après Jeanne, avec l'accent de l'exclamation.

— Trois heures!

Mais il se contint.

— Vous êtes réellement, dit-il, une

enchanteresse, et nul ne saurait vous résister.

— Oh! oh! vous exagérez, mon prince.

— Non, en vérité, et vous êtes restée, dites-vous, trois heures avec la reine.

Jeanne fit un signe de tête affirmatif.

— Trois heures, répéta le cardinal en souriant, que de choses une femme d'esprit comme vous peut dire en trois heures!

— Oh! je vous réponds, Monseigneur, que je n'ai pas perdu mon temps.

— Je parie que pendant ces trois heures, hasarda le cardinal, vous n'avez pas pensé à moi une seule minute ?

— Ingrat !

— Vraiment ! s'écria le cardinal.

— J'ai fait plus que penser à vous.

— Qu'avez-vous fait ?

— J'ai parlé de vous.

— Parlé de moi, et à qui ? demanda le prélat, dont le cœur commençait à battre, avec une voix dont toute sa puissance sur lui-même ne pouvait dissimuler l'émotion.

— A qui, sinon à la reine?

Et en disant ces mots si précieux pour le cardinal, Jeanne eut l'art de ne point regarder le prince en face, comme si elle se fût peu inquiétée de l'effet qu'ils devaient produire.

M. de Rohan palpitait.

— Ah! dit-il, voyons, chère comtesse, racontez-moi cela. En vérité, je m'intéresse tant à ce qui vous arrive, que je ne veux pas que vous me fassiez grâce du plus petit détail.

Jeanne sourit; elle savait ce qui intéressait le cardinal tout aussi bien que lui-même.

Mais comme ce récit méticuleux était arrêté d'avance dans son esprit; comme elle l'eût fait d'elle-même si le cardinal ne l'eût point priée de le faire, elle commença doucement, se faisant tirer chaque syllabe; racontant toute l'entrevue, toute la conversation; produisant à chaque mot la preuve que par un de ces hasards heureux qui font la fortune des courtisans, elle était tombée à Versailles dans une de ces circonstances singulières qui font en un jour d'une étrangère une amie presqu'indispensable. En effet, en un jour, Jeanne de La Mothe avait été initiée à tous les malheurs de la reine, à toutes les impuissances de la royauté.

M. de Rohan ne paraissait retenir du récit que ce que la reine avait dit pour Jeanne.

Jeanne, dans son récit, n'appuyait que sur ce que la reine avait dit pour M. de Rohan.

Le récit venait d'être achevé à peine que le même laquais entra, annonçant que le souper était servi.

Jeanne invita le cardinal d'un coup d'œil. Le cardinal accepta d'un signe.

Il donna le bras à la maîtresse de la maison, qui s'était si vite habituée à en faire les honneurs, et passa dans la salle à manger.

Quand le souper fut achevé, quand le prélat eut bu à longs traits l'espoir et l'amour dans les récits vingt fois repris, vingt fois interrompus de l'enchanteresse, force lui fut de compter enfin avec cette femme qui tenait les cœurs des puissances dans sa main.

Car il remarquait, avec une surprise qui tenait de l'épouvante, qu'au lieu de se faire valoir comme toute femme que l'on recherche et dont on a besoin, elle allait au devant des vœux de son interlocuteur avec une bonne grâce bien différente de cette fierté léonine du dernier souper, pris à la même place et dans la même maison.

Jeanne, cette fois, faisait les honneurs de chez elle en femme non seulement maîtresse d'elle-même, mais encore maîtresse des autres. Nul embarras dans son regard, nulle réserve dans sa voix. N'avait-elle pas, pour prendre ces hautes leçons d'aristocratie, fréquenté tout le jour la fleur de la noblesse française; une reine sans rivale ne l'avait-elle pas appelée ma chère comtesse?

Aussi le cardinal, soumis à cette supériorité, en homme supérieur lui-même, ne tenta-t-il point d'y résister.

— Comtesse, dit-il en lui prenant la main, il y a deux femmes en vous.

— Comment cela? demanda la comtesse.

— Celle d'hier, et celle d'aujourd'hui.

— Et laquelle préfère Votre Eminence?

— Je ne sais. Seulement, celle de ce soir est une Armide, une Circée, quelque chose d'irrésistible.

— Et à qui vous n'essaierez pas de résister, j'espère, Monseigneur, tout prince que vous êtes.

Le prince se laissa glisser de son siége,

et tomba aux genoux de madame de La Mothe.

— Vous demandez l'aumône? dit-elle.

— Et j'attends que vous me la fassiez.

— Jour de largesse, répondit Jeanne; la comtesse de Valois a pris rang, elle est une femme de la cour; avant peu elle comptera parmi les femmes les plus fières de Versailles. Elle peut donc ouvrir sa main et la tendre à qui bon lui semble.

— Fût-ce à un prince ? dit M. de Rohan.

— Fût-ce à un cardinal, répondit Jeanne.

Le cardinal appuya un long et brûlant baiser sur cette jolie main mutine ; puis, ayant consulté des yeux le regard et le sourire de la comtesse, il se leva. Et, passant dans l'antichambre, dit deux mots à son coureur.

Deux minutes après, on entendit le bruit de la voiture qui s'éloignait.

La comtesse releva la tête.

— Ma foi, comtesse, dit le cardinal, j'ai brûlé mes vaisseaux.

— Et il n'y a pas grand mérite à cela, répondit la comtesse, puisque vous êtes au port.

VI

Où l'on commence à voir les visages sous les masques.

Les longues causeries sont le privilége heureux des gens qui n'ont plus rien à se dire. Après le bonheur de se taire ou de désirer, par interjection, le plus grand, sans contredit, est de parler beaucoup sans phrases.

Deux heures après le renvoi de sa

voiture, le cardinal et la comtesse en étaient au point où nous disons. La comtesse avait cédé, le cardinal avait vaincu, et cependant le cardinal, c'était l'esclave; la comtesse, c'était le triomphateur.

Deux hommes se trompent en se donnant la main. Un homme et une femme se trompent dans un baiser.

Mais ici chacun ne trompait l'autre que parce que l'autre voulait être trompé.

Chacun avait un but. Pour ce but, l'intimité était nécessaire. Chacun avait donc atteint son but.

Aussi le cardinal ne se donna-t-il point la peine de dissimuler son impatience. Il se contenta de faire un petit détour, et ramenant la conversation sur Versailles et sur les honneurs qui y attendaient la nouvelle favorite de la reine :

— Elle est généreuse, dit-il, et rien ne lui coûte pour les gens qu'elle aime. Elle a le rare esprit de donner un peu à beaucoup de monde, et de donner beaucoup à peu d'amis.

— Vous la croyez donc riche ? demanda madame de La Mothe.

— Elle sait se faire des ressources avec

un mot, un geste, un sourire. Jamais ministre, excepté Turgot peut-être, n'a eu le courage de refuser à la reine ce qu'elle demandait.

— Eh bien ! moi, dit madame de La Mothe, je la vois moins riche que vous ne la faites, pauvre reine, ou plutôt pauvre femme !

— Comment cela ?

— Est-on riche quand on est obligé de s'imposer des privations ?

— Des privations ! contez-moi cela, chère Jeanne.

— Oh! mon Dieu, je vous dirai ce que j'ai vu, rien de plus, rien de moins.

— Dites, je vous écoute.

— Figurez-vous deux affreux supplice que cette malheureuse reine a endurés.

— Deux supplices? Lesquels, voyons.

— Savez-vous ce que c'est qu'un désir de femme? mon cher prince.

— Non, mais je voudrais que vous me l'apprissiez, comtesse.

— Eh bien! la reine a un désir qu'elle ne peut satisfaire.

— De qui?

— Non, de quoi.

— Soit, de quoi?

— D'un collier de diamants.

— Attendez donc, je sais. Ne voulez-vous point parler des diamants de Bœhmer et Bossange?

— Précisément.

— Oh! vieille histoire, comtesse.

— Vieille ou neuve, n'est-ce pas un véritable désespoir pour une reine, dites, que de ne pouvoir posséder ce qu'a failli posséder une simple favorite? Quinze jours d'existence de plus au roi Louis XV, et Jeanne Vaubernier avait ce que ne peut avoir Marie-Antoinette.

— Eh bien! chère comtesse, voilà ce qui vous trompe, la reine a pu avoir cinq ou six fois ces diamants, et la reine les a toujours refusés.

— Oh !

— Quand je vous le dis, le roi les lui a offerts, et elle les a refusés de la main du roi.

Et le cardinal raconta l'histoire du vaisseau.

Jeanne écouta avidement; et lorsque le cardinal eut fini :

— Eh bien! dit-elle, après?

— Comment, après?

— Oui, qu'est-ce que cela prouve?

— Qu'elle n'en a point voulu, ce me semble.

Jeanne haussa les épaules.

— Vous connaissez les femmes, vous connaissez la cour, vous connaissez les rois, et vous vous laissez prendre à une pareille réponse!

— Dam! je constate un refus.

— Mon cher prince, cela constate une chose : c'est que la reine a eu besoin de faire un mot brillant, un mot populaire, et qu'elle l'a fait.

— Bon ! dit le cardinal, voilà comme vous croyez aux vertus royales, vous ? Ah! sceptique ! Mais saint Thomas était un croyant, près de vous.

— Sceptique ou croyante, je vous affirme une chose, moi.

— Laquelle.

— C'est que la reine n'a pas eu plutôt refusé le collier, qu'elle a été prise d'une envie folle de l'avoir.

— Vous vous forgez ces idées-là, ma chère, et d'abord, croyez bien à une chose, c'est qu'à travers tous ses défauts, la reine a une qualité immense.

— Laquelle ?

— Elle est désintéressée ! Elle n'aime ni l'or, ni l'argent, ni les pierres. Elle pèse les minéraux à leur valeur ; pour elle, une fleur au corset vaut un diamant à l'oreille.

— Je ne dis pas non. Seulement, à cette heure, je soutiens qu'elle a envie de se mettre plusieurs diamants au cou.

— Oh ! comtesse, prouvez.

— Rien ne sera plus facile ; tantôt j'ai vu le collier.

— Vous?

— Moi ; non seulement je l'ai vu, mais je l'ai touché.

— Où cela?

— A Versailles, toujours.

— A Versailles ?

— Oui, où les joailliers l'apportaient pour essayer de tenter la reine une dernière fois.

— Et c'est beau.

— C'est merveilleux.

— Alors, vous qui êtes vraiment femme, vous comprenez qu'on pense à ce collier?

— Je comprends qu'on en perde l'appétit et le sommeil.

— Hélas! que n'ai-je un vaisseau à donner au roi.

— Un vaisseau?

— Oui, il me donnerait le collier; et une fois que je l'aurais, vous pourriez manger et dormir tranquille.

— Vous riez.

— Non, je vous jure.

— Eh bien! je vais vous dire une chose qui vous étonnera fort.

— Dites.

— Ce collier, je n'en voudrais pas.

— Tant mieux, comtesse, car je ne pourrais pas vous le donner.

— Hélas! ni vous ni personne, c'est bien ce que sent la reine, et voilà pourquoi elle le désire.

— Mais, je vous répète que le roi le lui offrait.

Jeanne fit un mouvement rapide, un mouvement presqu'importun.

— Et moi, dit-elle, je vous dis que les femmes aiment surtout ces présents-là, quand ils ne sont pas faits par des gens qui les forcent de les accepter.

Le cardinal regarda Jeanne avec plus d'attention.

— Je ne comprends pas trop, dit-il.

— Tant mieux; brisons là. Que vous fait d'abord ce collier, puisque nous ne pouvons pas l'avoir?

— Oh! si j'étais le roi et que vous fussiez la reine, je vous forcerais bien de l'accepter.

— Eh bien ! sans être le roi, forcez la reine à le prendre, et vous verrez si elle est aussi fâchée que vous croyez de cette violence.

Le cardinal regarda Jeanne encore une fois.

— Vrai, dit-il, vous êtes sûre de ne pas vous tromper ; la reine a ce désir ?

— Dévorant. Écoutez, cher prince, ne m'avez-vous pas dit une fois, ou n'ai-je point entendu dire que vous ne seriez point fâché d'être ministre ?

— Mais il est très possible que j'aie dit cela, comtesse.

— Eh bien! gageons, mon cher prince...

— Quoi?

— Que la reine ferait ministre l'homme qui s'arrangerait de façon à ce que ce collier fût sur sa toilette dans huit jours.

— Oh! comtesse.

— Je dis ce que je dis... Aimez-vous mieux que je pense tout bas?

— Oh! jamais.

— D'ailleurs, ce que je dis ne vous concerne pas. Il est bien clair que vous n'allez pas engloutir un million et demi dans un caprice royal ; ce serait, par ma foi ! payer trop cher un portefeuille que vous aurez pour rien et qui vous est dû. Prenez donc tout ce que j'ai dit pour du bavardage. Je suis comme les perroquets, on m'a éblouie au soleil, et me voilà répétant toujours qu'il fait chaud. Ah ! Monseigneur, que c'est une rude épreuve qu'une journée de faveur pour une petite provinciale ! Ces rayons-là, il faut être aigle comme vous pour les regarder en face.

Le cardinal devint rêveur.

— Allons, voyons, dit Jeanne, voilà que vous me jugez si mal, voilà que vous me trouvez si vulgaire et si misérable, que vous ne daignez plus même me parler.

— Ah! par exemple!

— La reine jugée par moi; c'est moi.

— Comtesse!

— Que voulez-vous, j'ai cru qu'elle désirait les diamants parce ce qu'elle a soupiré en les voyant; je l'ai cru parce qu'à sa place je les eusse désirés; excusez ma faiblesse.

— Vous êtes une adorable femme, comtesse, vous avez par une alliance incroyable, la faiblesse du cœur, comme vous dites, et la force de l'esprit : vous êtes si peu femme en de certains moments, que je m'en effraie. Vous l'êtes si adorablement dans d'autres, que j'en bénis le ciel et que je vous en bénis.

Et le galant cardinal ponctua cette galanterie par un baiser.

— Voyons, ne parlons plus de toutes ces choses-là, dit-il.

— Soit, murmura Jeanne tout bas, mais je crois que l'hameçon a mordu dans les chairs.

Mais tout en disant ne parlons plus de cela, le cardinal reprit :

— Et vous croyez que c'est Bœhmer qui est revenu à la charge? dit-il.

— Avec Bossange, oui, répondit innocemment madame de La Mothe.

— Bossange... Attendez donc, fit le cardinal, comme s'il cherchait, Bossange, n'est-ce pas son associé?

— Oui, un grand sec.

— C'est cela.

— Qui demeure?...

— Il doit demeurer quelque part, comme au quai de la Ferraille ou bien de l'École, je ne sais pas trop; mais en tout cas dans les environs du Pont-Neuf.

— Du Pont-Neuf; vous avez raison; j'ai lu ces noms-là au-dessus d'une porte en passant dans mon carrosse.

— Allons, allons, murmura Jeanne, le poisson mord de plus en plus.

Jeanne avait raison, et l'hameçon était entré au plus profond de la proie.

Aussi, le lendemain, en sortant de la petite maison du faubourg Saint-Antoine, le cardinal se fit-il conduire directement chez Bœhmer.

Il comptait garder l'incognito, mais Bœhmer et Bossange étaient les joailliers de la cour et aux premiers mots qu'il prononça, ils l'appelèrent monseigneur.

— Eh bien! oui, monseigneur, dit le cardinal; mais puisque vous me reconnaissez, tâchez au moins que d'autres ne me reconnaissent pas.

— Monseigneur peut être tranquille. Nous attendons les ordres de Monseigneur.

— Je viens pour vous acheter le collier en diamants que vous avez montré à la reine.

— En vérité, nous sommes au désespoir, mais Monseigneur vient trop tard.

— Comment cela ?

— Il est vendu.

— C'est impossible, puisque hier vous avez été l'offrir de nouveau à Sa Majesté.

— Qui l'a refusé de nouveau, Monseigneur, voilà pourquoi l'ancien marché subsiste.

— Et avec qui ce marché a-t-il été conclu ? demanda le cardinal.

— C'est un secret, Monseigneur.

— Trop de secrets, monsieur Bœhmer.

Et le cardinal se leva.

— Mais, Monseigneur...

— Je croyais, Monsieur, continua le cardinal, qu'un joaillier de la couronne de France devait se trouver content de vendre en France ces belles pierreries; vous préférez le Portugal, à votre aise, monsieur Bœhmer.

— Monseigneur sait tout! s'écria le joaillier.

— Eh bien! que voyez-vous d'étonnant à cela?

— Mais, si Monseigneur sait tout, ce ne peut être que par la reine.

— Et quand cela serait? dit M. de Rohan sans repousser la supposition qui flattait son amour-propre.

— Oh! c'est que cela changerait bien les choses, Monseigneur.

— Expliquez-vous, je ne comprends pas.

— Monseigneur veut-il me permettre de lui parler en toute liberté?

— Parlez.

— Eh bien! la reine a envie de notre collier.

— Vous le croyez?

— Nous en sommes sûrs.

— Ah! et pourquoi ne l'achète-t-elle pas alors?

— Mais parce qu'elle a refusé au roi, et que revenir sur cette décision qui a valu tant d'éloges à Sa Majesté, ce serait montrer du caprice.

— La reine est au-dessus de ce que l'on dit.

— Oui, quand c'est le peuple, ou même quand ce sont des courtisans qui disent ; mais quand c'est le roi qui parle...

— Le roi, vous le savez bien, a voulu donner ce collier à la reine ?

— Sans doute ; mais il s'est empressé de remercier la reine quand la reine a refusé.

— Voyons, que conclut M. Bœhmer ?

— Que la reine voudrait bien avoir le collier sans paraître l'acheter.

— Eh bien! vous vous trompez, Monsieur, dit le cardinal; il ne s'agit point de cela.

— C'est fâcheux, Monseigneur, car c'eût été la seule raison décisive pour nous de manquer de parole à M. l'ambassadeur de Portugal.

Le cardinal réfléchit.

Si forte que soit la diplomatie des diplomates, celle des marchands leur est toujours supérieure... D'abord, le diplomate négocie presque toujours des valeurs qu'il n'a pas : le marchand tient et serre dans sa griffe l'objet qui excite la curiosité : le lui acheter, le lui payer cher, c'est presque le dépouiller.

M. de Rohan, voyant qu'il était au pouvoir de cet homme :

— Monsieur..., dit-il, supposez si vous voulez que la reine ait envie de votre collier.

— Cela change tout, Monseigneur. Je puis rompre tous les marchés quand il s'agit de donner la préférence à la reine.

— Combien vendez-vous ce collier?

— Quinze cent mille livres.

— Comment organisez-vous le paiement?

— Le Portugal me payait un à-compte, et j'allais porter le collier moi-même à Lisbonne, où l'on me payait à vue.

— Ce mode de paiement n'est pas praticable avec nous, monsieur Bœhmer, un à-compte, vous l'aurez s'il est raisonnable.

— Cent mille livres.

— On peut les trouver. Pour le reste?

— Votre Éminence voudrait du temps?

dit Bœhmer. Avec la garantie de votre Éminence, tout est faisable. Seulement, le retard implique une perte ; car, notez bien ceci, Monseigneur : dans une affaire de cette importance, les chiffres grossissent d'eux-mêmes, sans raison. Les intérêts de quinze cent mille livres font, au denier cinq, soixante-quinze mille livres, et le denier cinq est une ruine pour les marchands. Dix pour cent sont tout au plus le taux acceptable.

— Ce serait cent-cinquante mille livres, à votre compte ?

— Mais, oui, Monseigneur.

— Mettons que vous vendez le collier seize cent mille livres, monsieur Bœhmer, et divisez le paiement de quinze cent mille livres qui resteront en trois échéances complétant une année. Est-ce dit ?

— Monseigneur, nous perdons cinquante mille livres à ce marché.

— Je ne crois pas, Monsieur. Si vous aviez à toucher demain quinze cent mille livres, vous seriez embarrassé : un joaillier n'achète pas une terre de ce prix-là.

— Nous sommes deux, Monseigneur, mon associé et moi.

— Je le veux bien, mais n'importe, et vous serez bien plus à l'aise de toucher cinq cent mille livres chaque tiers d'année, c'est-à-dire, deux cent cinquante mille livres chacun.

— Monseigneur oublie que ces diamants ne nous appartiennent pas. Oh! s'ils nous appartenaient nous serions assez riches pour ne nous inquiéter ni du paiement, ni du placement à la rentrée des fonds.

—A qui donc appartiennent-ils alors?

— Mais à dix créanciers peut-être, nous avons acheté ces pierres en détail.

Nous les devons l'une à Hambourg, l'autre à Naples ; une à Buénos-Ayres, deux à Moscou. Nos créanciers attendent la vente du collier pour être remboursés. Le bénéfice que nous ferons fait notre seule propriété ; mais, hélas ! Monseigneur, depuis que ce malheureux collier est en vente, c'est-à-dire depuis deux ans, nous perdons déjà deux cent mille livres d'intérêt. Jugez si nous sommes en bénéfice.

M. de Rohan interrompit Bœhmer.

— Avec tout cela, dit-il, je ne l'ai pas vu, moi, ce collier.

— C'est vrai, Monseigneur, le voici.

Et Bœhmer, après toutes les précautions d'usage, exhiba le précieux joyau.

— Superbe! s'écria le cardinal en touchant avec amour les fermoirs qui avaient dû s'imprimer sur le col de la reine.

Quand il eut fini et que ses doigts eurent à satiété cherché sur les pierres les effluves sympathiques qui pouvaient lui être demeurées adhérentes :

— Marché conclu? dit-il.

— Oui, Monseigneur; et de ce pas, je

m'en vais à l'ambassade pour me dédire.

— Je ne croyais pas qu'il y eût d'ambassadeur du Portugal à Paris en ce moment?

— En effet, Monseigneur, M. de Souza s'y trouve en ce moment; il est venu incognito.

— Pour traiter l'affaire, dit le cardinal riant.

— Oui, Monseigneur.

— Oh! pauvre Souza! je le connais beaucoup. Pauvre Souza!

Et il redoubla d'hilarité.

M. Bœhmer crut devoir s'associer à la gaîté de son client.

On s'égaya longtemps sur cet écrin, aux dépens du Portugal.

M. de Rohan allait partir.

Bœhmer l'arrêta.

— Monseigneur veut-il me dire comment se réglera l'affaire? demanda-t-il.

— Mais tout naturellement.

— L'intendant de Monseigneur?

— Non pas; personne excepté moi ; vous n'aurez affaire qu'à moi.

— Et quand?

— Dès demain.

— Les cent mille livres?

— Je les apporterai ici demain.

— Oui, Monseigneur.

— Et les effets?

— Je les souscrirai ici demain.

— C'est au mieux, Monseigneur.

— Et puisque vous êtes un homme de

secret, monsieur Bœhmer, souvenez-vous bien que vous en tenez dans vos mains un des plus importants.

— Monseigneur, je le sens, et je mériterai votre confiance, ainsi que celle de Sa Majesté la reine, ajouta-t-il finement.

M. de Rohan rougit et sortit troublé, mais heureux comme tout homme qui se ruine dans un paroxisme de passion.

Le lendemain de ce jour, M. Bœhmer se dirigea d'un air composé vers l'ambassade de Portugal.

Au moment où il allait frapper à la porte, M. Beausire, premier secrétaire, se faisait rendre des comptes par M. Ducorneau, premier chancelier, et don Manoel y Souza. l'ambassadeur, expliquait un nouveau plan de campagne à son associé, le valet de chambre.

Depuis la dernière visite de M. Bœhmer à la rue de la Jussienne, l'hôtel avait subi beaucoup de transformations.

Tout le personnel débarqué, comme nous l'avons vu, dans les deux voitures de poste, s'était casé selon les exigences du besoin et dans les attributions diverses qu'il devait remplir dans la maison du nouvel ambassadeur.

Il faut dire que les associés, en se partageant les rôles qu'ils remplissaient admirablement bien, devant les changer, avaient l'occasion de surveiller eux-mêmes leurs intérêts, ce qui donne toujours un peu de courage dans les plus pénibles besognes.

M. Ducorneau, enchanté de l'intelligence de tous ces valets, admirait en même temps que l'ambassadeur se fût assez peu soucié du préjugé national, pour prendre une maison entièrement française, depuis le premier secrétaire jusqu'au troisième valet de chambre.

Aussi ce fut à ce propos qu'en établissant les chiffres avec M. de Béausire, il entamait avec ce dernier une conversation pleine d'éloges pour le chef de l'ambassade.

— Les Souza, voyez-vous, disait Beausire, ne sont pas de ces Portugais encroûtés qui s'en tiennent à la vie du XIVe siècle, comme vous en verriez beaucoup dans nos provinces. Non, ce sont des gentilshommes voyageurs, riches à millions, qui seraient rois quelque part si l'envie leur en prenait.

— Mais elle ne leur prend pas, dit spirituellement M. Ducorneau.

— Pourquoi faire? monsieur le chancelier ; est-ce qu'avec un certain nombre de millions et un nom de prince, on ne vaut pas un roi ?

— Oh! mais voilà des doctrines philosophiques, monsieur le secrétaire, dit Ducorneau surpris, je ne m'attendais pas à voir sortir ces maximes égalitaires de la bouche d'un diplomate.

— Nous faisons exception, répondit Beausire un peu contrarié de son anachronisme ; sans être un Voltairien ou un Arménien à la façon de Rousseau, on connaît son monde philosophique, on connaît les théories naturelles de l'inégalité des conditions et des forces.

— Savez-vous! s'écria le chancelier avec élan, qu'il est heureux que le Portugal soit un petit État.

— Eh! pourquoi?

— Parce que, avec de tels hommes à son sommet, il s'agrandirait vite, Monsieur.

— Oh! vous nous flattez, cher chancelier. Non, nous faisons de la politique philosophique C'est spécieux, mais peu applicable. Maintenant, brisons là. Il y a donc cent huit mille livres dans la caisse, dites-vous?

— Oui, monsieur, le secrétaire, cent huit mille livres.

— Et pas de dettes?

— Pas un denier.

— C'est exemplaire. Donnez-moi le bordereau, je vous prie.

— Le voici. A quand la présentation, monsieur le secrétaire? Je vous dirai que dans le quartier c'est un sujet de curiosité, de commentaires inépuisables, je dirai presque d'inquiétudes.

— Ah ! ah !

— Oui, l'on voit de temps en temps rôder autour de l'hôtel des gens qui voudraient que la porte fût en verre.

— Des gens !... fit Beausire, des gens du quartier ?

— Et autres. Oh ! la mission de M. l'ambassadeur étant secrète, vous jugez bien que la police s'occupera vite d'en pénétrer les motifs.

— J'ai pensé comme vous, dit Beausire assez inquiet.

— Tenez, monsieur le secrétaire, fit

Ducorneau en menant Beausire au grillage d'une fenêtre qui s'ouvrait sur le pan coupé d'un pavillon de l'hôtel. Tenez, voyez-vous dans la rue cet homme en surtout brun sale ?

— Oui, je le vois.

— Comme il regarde, hein ?

— En effet. Que croyez-vous qu'il soit, cet homme ?

— Que sais-je, moi.. Un espion de M. de Crosne, peut-être ?

— C'est probable.

— Entre nous soit dit, monsieur le secrétaire, M. de Crosne n'est pas un magistrat de la force de M. de Sartines. Avez-vous connu M. de Sartines?

— Non, Monsieur, non!

— Oh! celui-là vous eût dix fois déjà devinés. Il est vrai que vous prenez des précautions...

La sonnette retentit...

— M. l'ambassadeur appelle, dit précipitamment Beausire, que la conversation commençait à gêner.

Et, ouvrant la porte avec force il repoussa avec les deux battants de cette porte deux associés qui, l'un la plume à l'oreille et l'autre le balai à la main, l'un service de quatrième ordre, l'autre valet de pied, trouvaient la conversation longue et voulaient y participer, ne fût-ce que par le sens de l'ouïe.

Beausire jugea qu'il était suspect, et se promit de redoubler de vigilance.

Il monta donc chez l'ambassadeur. Après avoir, dans l'ombre, serré la main de ses deux amis et co-intéressés.

VII

Où M. Ducourneau ne comprend absolument rien à ce qui ce passe.

Don Manoël y Souza était moins jaune que de coutume, c'est-à-dire qu'il était plus rouge. Il venait d'avoir avec M. le commandeur valet de chambre une explication pénible.

Cette explication n'était pas encore terminée.

Lorsque Beausire arriva, les deux coqs s'arrachaient les dernières plumes.

— Voyons, Monsieur de Beausire, dit le commandeur, mettez-nous d'accord.

— En quoi, dit le secrétaire, qui prit des airs d'arbitre, après avoir échangé un coup d'œil avec l'ambassadeur, son allié naturel.

— Vous savez, dit le valet de chambre, que M. Bœhmer doit venir aujourd'hui conclure l'affaire du collier.

— Je le sais.

— Et qu'on doit lui compter les cent mille livres.

— Je le sais encore.

— Ces cent mille livres sont la propriété de l'association, n'est-ce pas?

— Qui en doute?

— Ah! M. de Beausire me donne raison, fit le commandeur en se retournant vers don Manoël.

— Attendons, attendons, dit le Portugais en faisant un signe de patience avec la main.

— Je ne vous donne raison que sur ce point, dit Beausire, que les cent mille livres sont aux associés.

— Voilà tout ; je n'en demande pas davantage.

— Eh bien, alors, la caisse qui les renferme ne doit pas être située dans le seul bureau de l'ambassade qui soit contigu à la chambre de M. l'ambassadeur.

— Pourquoi cela? dit Beausire.

— Et M. l'ambassadeur, poursuivit le commandeur, doit nous donner à chacun une clé de cette caisse.

— Non pas, dit le Portugais.

— Vos raisons ?

— Ah! oui, vos raisons? demanda Beausire.

— On se défie de moi, dit le Portugais en caressant sa barbe fraîche, pourquoi ne me défierais-je pas des autres. Il me semble que si je puis être accusé de voler l'association, je puis suspecter l'association de me vouloir voler.

Nous sommes des gens qui se valent.

— D'accord, dit le valet de chambre; mais justement pour cela, nous avons des droits égaux.

— Alors, mon cher Monsieur, si vous voulez faire ici de l'égalité, vous eussiez dû décider que nous ferions chacun à notre tour le rôle de l'ambassadeur. C'eût été moins vraisemblable peut-être aux yeux du public, mais les associés eussent été rassurés. C'est tout, n'est-ce pas ?

— Et d'abord, interrompit Beausire, monsieur le commandeur, vous n'agissez pas en bon confrère ; est-ce que le seigneur don Manoël n'a pas un privilège incontestable, celui de l'invention ?

— Ah ! oui... dit l'ambassadeur, et M. de Beausire le partage avec moi.

— Oh ! répliqua le commandeur,

quand une fois une affaire est en train, ou ne fait plus attention aux privilèges.

— D'accord, mais on continue de faire attention aux procédés, dit Beausire.

— Je ne viens pas seul faire cette réclamation, murmura le commandeur un peu honteux, tous nos camarades pensent comme moi.

— Et ils ont tort, répliqua le Portugais.

— Ils ont tort, dit Beausire.

Le commandeur releva la tête.

— J'ai eu tort moi-même, dit-il dépité, de prendre l'avis de M. de Beausire. Le secrétaire ne pouvait manquer de s'entendre avec l'ambassadeur.

— Monsieur le commandeur, répliqua Beausire avec un flegme étonnant, vous êtes un coquin à qui je couperais les oreilles, si vous aviez encore des oreilles; mais on vous les a rognées trop de fois.

— Plaît-il? fit le commandeur en se redressant.

— Nous sommes là très tranquillement dans le cabinet de M. l'ambassadeur, et nous pourrons traiter l'affaire en famille. Or, vous venez de m'insulter en disant que je m'entends avec don Manoël.

— Et vous m'avez insulté aussi, dit froidement le Portugais venant en aide à Beausire.

— Il s'agit d'en rendre raison, Monsieur le commandeur.

— Oh! je ne suis pas un fier-à-bras, moi, s'écria le valet de chambre.

— Je le vois bien, répliqua Beausire, en conséquence vous serez rossé, commandeur.

— Au secours! cria celui-ci déjà saisi

par l'amant de Mademoiselle Oliva, et presque étranglé par le Portugais.

Mais au moment où les deux chefs allaient se faire justice, la sonnette d'en bas avertit qu'une visite entrait.

— Lâchons-le, dit don Manoël.

— Et qu'il fasse son office, dit Beausire.

— Les camarades sauront cela, répliqua le commandeur en se rajustant.

— Oh! dites, dites-leur ce que vous voudrez ; nous savons ce que nous leur répondrons.

— M. Bœhmer! cria d'en bas le suisse.

— Eh! voilà qui finit tout, cher commandeur, dit Beausire en envoyant un léger soufflet sur la nuque de son adversaire.

— Nous n'aurons plus de conteste avec les cent mille livres, puisque les cent mille livres vont disparaître avec M. Bœhmer. Çà, faites le beau, Monsieur le valet de chambre!

Le commandeur sortit en grommelant, et reprit son air humble pour introduire convenablement le joaillier de la couronne.

Dans l'intervalle de son départ à l'entrée de Bœhmer, Beausire et le Portugais avaient échangé un second coup d'œil tout aussi significatif que le premier.

Bœhmer entra, suivi de Bossange. Tous deux avaient une contenance humble et déconfite, à laquelle les fins observateurs de l'ambassade ne durent pas se tromper.

Tandis qu'ils prenaient les siéges offerts par Beausire, celui-ci continuait son investigation, et guettait l'œil de don Manoël pour entretenir la correspondance.

Manoël gardait son air digne et officiel.

Bœhmer, l'homme aux initiatives, prit la parole dans cette circonstance difficile.

Il expliqua que des raisons politiques d'une haute importance l'empêchaient de donner suite à la négociation commencée.

Manoël se récria.

Beausire fit un hum !

M. Bœhmer s'embarrassa de plus en plus.

Don Manoël lui fit observer que le marché était conclu, que l'argent de l'à compte était prêt.

Bœhmer persista.

L'ambassadeur, toujours par l'entremise de Beausire, répondit que son gouvernement avait ou devait avoir connaissance de la conclusion du marché; que le rompre, c'était exposer Sa Majesté portugaise à un quasi-affront.

M. Bœhmer objecta qu'il avait pesé toutes les conséquences de ces réflexions, mais que revenir à ses premières idées lui était devenu impossible.

Beausire ne se décidait pas à accepter la rupture; il déclara tout net à Bœhmer que se dédire était d'un mauvais négociant, d'un homme sans parole.

Bossange prit alors la parole pour défendre le commerce incriminé dans sa personne et celle de son associé.

Mais il ne fut pas éloquent.

Beausire lui fit clore la bouche avec ce seul mot : vous avez trouvé un enchérisseur?

Les joailliers, qui n'étaient pas extrêmement forts en politique, et qui avaient de la diplomatie en général et des diplomates portugais en particulier une idée excessivement haute, rougirent, se croyant pénétrés.

Beausire vit qu'il avait frappé juste; et comme il lui importait de finir cette affaire, dans laquelle il sentait tout une fortune, il feignit de consulter en portugais son ambassadeur.

— Messieurs, dit-il alors aux joailliers, on vous a offert un bénéfice; rien de plus naturel; cela prouve que les diamants sont d'un beau prix. Eh bien ! S. M. portugaise ne veut pas d'un bon marché qui nuirait à des négociants honnêtes. Faut-il vous offrir cinquante mille livres?

Bœhmer fit un signe négatif.

— Cent mille, cent cinquante mille livres, continua Beausire, décidé, sans se compromettre, à offrir un million de plus pour gagner sa part des quinze cent mille livres.

Les joailliers, éblouis, demeurèrent un moment gênés; puis, s'étant consultés :

— Non, Monsieur le secrétaire, dirent-ils à Beausire, ne prenez pas la peine de nous tenter; le marché est fini, une volonté plus puissante que la nôtre nous contraint de vendre le collier dans ce pays. Vous comprenez sans doute, excusez-nous, ce n'est pas nous qui refusons, ne nous en veuillez donc point ; c'est de quelqu'un plus grand que nous, plus grand que vous, que naît l'opposition.

Beausire et Manoël ne trouvèrent rien à répondre. Bien au contraire, ils firent une sorte de compliment aux joailliers et tâchèrent de se montrer indifférents.

Ils s'y appliquèrent si activement, qu'ils ne virent pas dans l'antichambre M. le commandeur, valet de chambre, occupé à écouter aux portes, pour savoir comment se traitait l'affaire dont on voulait l'exclure.

Ce digne associé fut maladroit cependant car, en s'inclinant sur la porte, il glissa et tomba dans le panneau qui résonna.

Beausire s'élança vers l'antichambre et trouva le malheureux tout effaré.

— Que fais-tu ici, malheureux? s'écria Béausire.

— Monsieur, répondit le commandeur, j'apportais le courrier de ce matin.

— Bien ! fit Beausire ; allez.

Et, prenant ces dépêches, il renvoya le commandeur.

Ces dépêches étaient toute la correspondance de la chancellerie : lettres de Portugal ou d'Espagne fort insignifiantes pour la plupart, qui faisaient le travail quotidien de M. Ducorneau, mais qui passant toujours par les mains de Beausire ou de Don Manoël avant d'aller à la chancellerie, avaient déjà fourni aux deux chefs d'utiles renseignements sur les affaires de l'ambassade.

Au mot dépêches que les joailliers entendirent, ils se levèrent soulagés, comme des gens qui viennent de recevoir leur congé, après une audience embarrassante.

On les laissa partir et le valet de chambre reçut l'ordre de les accompagner jusque dans la cour.

A peine eût-il quitté l'escalier que don Manoël et Beausire, s'envoyant de ces regards qui entament vite une action, se rapprochèrent.

— Eh bien! dit don Manoel, l'affaire est manquée.

— Net, dit Beausire.

— Sur cent mille livres, vol médiocre, nous avons chacun 8,400 livres.

— Ce n'est pas la peine, répliqua Beausire.

— N'est-ce pas? Tandis que là, dans la caisse...

— Il montrait la caisse si vivement convoitée par le commandeur.

— Là, dans la caisse, il y a cent huit mille livres.

— Cinquante-quatre mille chacun.

— Eh bien! c'est dit, répliqua don Manoël. Partageons.

— Soit, mais le commandeur ne va

plus nous quitter à présent qu'il sait l'affaire manquée.

— Je vais chercher un moyen, dit don Manoël d'un air singulier.

— Et moi j'en ai trouvé un, dit Beausire.

— Lequel?

— Le voici.

— Le commandeur va rentrer?

— Oui.

— Il va demander sa part et celle des associés?

— Oui.

— Nous allons avoir toute la maison sur les bras ?

— Oui.

— Appelons le commandeur comme pour lui conter un secret, et laissez-moi faire.

— Il me semble que je devine, dit don Manoël, allez au devant de lui.

— J'allais vous dire d'y aller vous-même.

Ni l'un ni l'autre ne voulait laisser son

ami seul avec la caisse. C'est un rare bijou que la confiance.

Don Manoël répondit que sa qualité d'ambassadeur l'empêchait de faire cette démarche.

— Vous n'êtes pas un ambassadeur pour lui, dit Beausire, enfin n'importe.

— Vous y allez ?

— Non ; je l'appelle par la fenêtre.

En effet, Beausire héla par la fenêtre M. le commandeur qui déjà se préparait à entamer une conversation avec le suisse.

Le commandeur se voyant appeler, monta.

Il trouva les deux chefs dans la chambre voisine de celle où était la caisse.

Beausire s'adressant à lui d'un air souriant :

— Gageons, dit-il, que je sais ce que vous disiez au Suisse.

— Moi ?

— Oui, vous lui contiez que l'affaire avec Bœhmer avait manqué.

— Ma foi, non.

— Vous mentez.

— Je vous jure que non !

— A la bonne heure ; car si vous aviez parlé, vous auriez fait une bien grande sottise et perdu une bien belle somme d'argent.

— Comment cela? s'écria le commandeur surpris; quelle somme d'argent.

— Vous n'êtes pas sans comprendre qu'à nous trois seuls nous savons le secret.

— C'est vrai.

—Et qu'à nous trois, par conséquent, nous avons les cent huit mille livres, puisque tous croient que Bœhmer et Bossange ont emporté la somme.

— Morbleu! s'écria le commandeur saisi de joie, c'est vrai.

— Trente-trois mille trois cent trente-trois francs six sols chacun, dit Manoel.

— Plus! plus! s'écria le commandeur, il y a une fraction de huit mille livres.

— C'est vrai, dit Beausire ; vous acceptez?

— Si j'accepte, fit le valet de chambre en se frottant les mains, je le crois bien. A la bonne heure, voilà parler.

— Voilà parler comme un coquin, dit Beausire d'une voix tonnante ; quand je vous disais que vous n'étiez qu'un fripon. Allons, don Manoël, vous qui êtes robuste, saisissez-moi ce drôle, et livrons-le pour ce qu'il est à nos associés.

— Grâce ! grâce ! cria le malheureux, j'ai voulu plaisanter.

— Allons, allons ! continua Beausire, dans la chambre noire jusqu'à plus ample justice.

— Grâce ! cria encore le commandeur.

— Prenez garde, dit Beausire à don

Manoël qui serrait le perfide commandeur, prenez garde que M. Ducorneau n'entende.

— Si vous ne me lâchez pas, dit le commandeur, je vous dénoncerai tous.

— Et moi je t'étranglerai, dit don Manoël d'une voix pleine de colère en poussant le valet de chambre vers un cabinet de toilette voisin.

— Renvoyez M. Ducorneau, fit-il à l'oreille de Beausire.

Celui-ci ne se le fit pas répéter. Il passa rapidement dans la chambre contiguë à celle de l'ambassadeur, tandis que ce dernier enfermait le commandeur dans la sourde épaisseur de ce cachot.

Une minute se passa, Beausire ne revenait pas.

Don Manoël eut une idée ; il se sentait seul, la caisse était à dix pas ; pour l'ouvrir, pour y prendre les cent huit mille livres en billets, pour s'élancer par une fenêtre et déguerpir à travers le jardin avec la proie, tout voleur bien organisé n'avait besoin que de deux minutes.

Don Manoël calcula que Beausire, pour le renvoi de Ducorneau et son retour à la chambre, perdrait cinq minutes au moins.

Il s'élança vers la porte de la chambre où était la caisse. Cette porte se trouva fermée au verrou. Don Manoël était robuste, adroit, il eût ouvert la porte d'une ville avec une clé de montre.

— Beausire s'est défié de moi, pensa-t-il, parce que j'ai seul la clé ; il a mis le verrou ; c'est juste.

Avec son épée il fit sauter le verrou.

Il arriva sur la caisse et poussa un cri terrible. La caisse ouvrait une bouche large et démeublée. Rien dans ses profondeurs béantes !

Beausire, qui avait une seconde clé, était entré par l'autre porte et avait raflé la somme.

Don Manoël courut comme un insensé jusqu'à la loge du Suisse qu'il trouva chantant.

Beausire avait cinq minutes d'avance.

Quand le Portugais, par ses cris et ses doléances, eut mis tout l'hôtel au fait de l'aventure ; quand, pour s'appuyer d'un témoignage, il eut remis le commandeur en liberté, il ne trouva que des incrédules et des furieux.

On l'accusa d'avoir ourdi ce complot

avec Beausire, lequel courait devant lui en gardant la moitié du vol.

Plus de masques, plus de mystères, l'honnête M. Ducorneau ne comprenait plus avec quels gens il se trouvait lié.

Il faillit s'évanouir quand il vit ces diplomates se préparer à pendre sous un hangar don Manoël qui n'en pouvait mais !...

— Pendre M. de Souza, criait le chancelier, mais c'est un crime de lèze-majesté ; prenez garde !

On prit le parti de le jeter dans une cave, il criait trop fort.

C'est à ce moment que trois coups frappés solennellement à la porte firent tressaillirent les associés.

Le silence se rétablit parmi eux.

Les trois coups se répétèrent.

Puis une voix aiguë cria en Portugais :

— Ouvrez au nom de M. l'ambassadeur du Portugal.

— L'ambassadeur ! murmurèrent tous les coquins en s'éparpillant dans tout l'hôtel, et pendant quelques minutes, ce fut par les jardins, par les murs du voisinage, par les toits, un sauve-qui-peut, un pêle-mêle désordonné.

L'ambassadeur véritable, qui venait effectivement d'arriver, ne put rentrer chez lui qu'avec des archers de la police, qui enfoncèrent la porte, en présence d'une foule immense, attirée par ce spectacle curieux.

Puis on fit main basse partout, et l'on arrêta M. Ducorneau, qui fut conduit au Châtelet où il coucha.

C'est ainsi que se termina l'aventure de la fausse ambassade de Portugal.

VIII

Illusions et réalités.

Si le Suisse de l'ambassade eût pu courir après Beausire, comme le lui commandait don Manoël, avouons qu'il eût eu fort à faire.

Beausire, à peine hors de l'antre, avait gagné au petit galop la rue Coquillière, et au grand galop la rue Saint-Honoré.

Toujours se défiant d'être poursuivi, il avait croisé ses traces en courant des bordées dans les rues sans alignement et sans raison qui ceignent notre halle aux blés ; au bout de quelques minutes, il était à peu près sûr que nul n'avait pu le suivre ; il était sûr aussi d'une chose, c'est que ses forces étaient épuisées, et qu'un bon cheval de chasse n'eût pu en faire davantage.

Beausire s'assit sur un sac de blé, dans la rue de Viarmes qui tourne autour de la halle, et là feignit de considérer avec la plus vive attention la colonne de Médicis que Bachaumont avait achetée pour l'arracher au marteau des démolisseurs, et en faire présent à l'Hôtel-de-Ville.

Le fait est que M. de Beausire ne regardait ni la colonne de M. Philibert Delorme, ni le cadran solaire dont M. de Pingré l'avait décorée. Il tirait péniblement du fond de ses poumons une respiration stridente et rauque comme celle d'un soufflet de forge fatigué.

Pendant plusieurs instants il ne put réussir à compléter la masse d'air qu'il lui fallait dégorger de son larynx pour rétablir l'équilibre entre la suffocation et la pléthore.

Enfin il y parvint, et ce fut avec un soupir qui eût été entendu par les habitants de la rue de Viarmes s'ils n'eussent été occupés à vendre ou à peser leurs grains.

— Ah! pensa Beausire, voilà donc mon rêve réalisé, j'ai une fortune.

Et il respira encore.

— Je vais donc pouvoir devenir un parfait honnête homme, il me semble déjà que j'engraisse.

Et de fait, s'il n'engraissait pas, il enflait.

— Je vais, continua-t-il en son monologue silencieux, faire d'Oliva une femme aussi honnête que je serai moi-même honnête homme. Elle est belle, elle est naïve dans ses goûts.

Le malheureux !

Elle ne haïra pas une vie retirée en province dans une belle métairie que nous appellerons notre terre, à proximité d'une petite ville où nous serons facilement pris pour des seigneurs.

Nicole est bonne ; elle n'a que deux défauts : la paresse et l'orgueil.

Pas davantage ! Pauvre Beausire ! deux péchés mortels !

Et avec ces défauts que je satisferai, moi l'équivoque Beausire, je me serai fait une femme accomplie.

Il n'alla pas plus loin, la respiration lui était revenue.

Il s'essuya le front, s'assura que les cent mille livres étaient encore dans sa poche, et, plus libre de son corps comme de son esprit, il voulut réfléchir.

On ne le chercherait pas rue de Viarmes, mais on le chercherait. Messieurs de l'ambassade n'étaient pas gens à perdre de gaîté de cœur leur part de butin.

On se diviserait donc en plusieurs

bandes, et l'on commencerait par aller explorer le domicile du voleur.

Là était toute la difficulté. Dans ce domicile logeait Oliva. On la préviendrait, on la maltraiterait peut-être ; que sait-on ? on pousserait la cruauté jusqu'à se faire d'elle un ôtage.

Pourquoi ces gueux-là ne sauraient-ils pas que Mademoiselle Oliva était la passion de Beausire, et pourquoi, le sachant, ne spéculeraient-ils pas sur cette passion ?

Beausire faillit devenir fou sur la lisière de ces deux mortels dangers.

L'amour l'emporta.

Il ne voulut pas que nul touchât à l'objet de son amour. Il courut comme un trait à la maison de la rue Dauphine.

Il avait, d'ailleurs, une confiance illimitée dans la rapidité de sa marche ; ses ennemis, si agiles qu'ils fussent, ne pouvaient l'avoir prévenu.

D'ailleurs, il se jeta dans un fiacre au cocher duquel il montra un écu de six livres, en lui disant : Au Pont-Neuf.

Les chevaux ne coururent pas, ils s'envolèrent.

Le soir venait.

Beausire se fit conduire au terre-plain du pont, derrière la statue d'Henri IV. On y abordait dans ce temps en voiture ; c'était un lieu de rendez-vous assez trivial, mais usité.

Puis, hasardant sa tête par une portière, il plongea ses regards dans la rue Dauphine.

Beausire n'était pas sans quelque habitude des gens de police, il avait passé dix ans à tâcher de les reconnaître pour les éviter en temps et lieu.

Il remarqua sur la descente du pont, du côté de la rue Dauphine, deux hommes espacés qui tendaient leurs cols vers cette rue pour y considérer un spectacle quelconque.

Ces hommes étaient des espions. Voir des espions sur le Pont-Neuf, ce n'était pas rare, puisque le proverbe dit à cette époque que pour voir en tout temps un prélat, une fille de joie et un cheval blanc, il n'est rien tel que de passer sur le Pont-Neuf.

Or, les chevaux blancs et les habits de prêtres et les filles de joie, ont toujours été des points de mire pour les hommes de police.

Beausire ne fut que contrarié, que gêné ; il se fit tout bossu, tout clopinant, pour déguiser sa démarche, et coupant la foule, il gagna la rue Dauphine.

Nulle trace de ce qu'il redoutait pour lui. Il apercevait déjà la maison aux fenêtres de laquelle se montrait souvent la belle Oliva, son étoile.

Les fenêtres étaient fermées, sans doute elle reposait sur le sofa ou lisait quelques mauvais livre, ou croquait quelque friandise.

Soudain Beausire crut voir un hoqueton de soldat du guet dans l'allée en face.

Bien plus, il en vit un paraître à la croisée du petit salon.

La sueur le reprit; sueur froide; celle-là est malsaine. Il n'y avait pas à reculer; il s'agissait de passer devant la maison.

Beausire eut ce courage; il passa et regarda la maison.

Quel spectacle!

Une allée gorgée de fantassins de la garde de Paris, au milieu desquels on voyait un commissaire du Châtelet tout en noir.

Ces gens..., le rapide coup d'œil de

Beausire les vit troublés, effarés, désappointés. On a ou l'on n'a pas l'habitude de lire sur les visages des gens de la police ; quand on l'a comme l'avait Beausire, on n'a pas besoin de s'y prendre à deux fois pour deviner que ces messieurs ont manqué leur coup.

Beausire se dit que M. de Crosne, prévenu sans doute n'importe comment ou par qui, avait voulu faire prendre Beausire et n'avait trouvé qu'Oliva. *Indè iræ*.

Delà le désappointement. Certes, si Beausire se fût trouvé dans des circonstances ordinaires, s'il n'eût eu cent mille livres dans sa poche, il se fût jeté au milieu des alguazils, en criant comme Nisus : Me voici ! me voici ! c'est moi qui ai fait tout!

Mais l'idée que ces gens là palperaient les cent mille livres, en feraient des gorges chaudes toute leur vie, l'idée que le coup de main si audacieux et si subtil tenté par lui, Beausire, ne profiterait qu'aux agens du lieutenant de police, cette idée triompha de tous ses scrupules, disons-le, et étouffa tous ses chagrins d'amour.

— Logique... se dit-il, je me fais prendre... Je fais prendre les cent mille livres. Je ne sers pas Oliva... Je me ruine... Je lui prouve que je l'aime comme un insensé... Mais je mérite qu'elle me dise : Vous êtes une brute ; il fallait m'aimer moins et me sauver.

Décidément, jouons des jambes et mettons en sûreté l'argent qui est la source de tout : liberté, bonheur, philosophie.

Cela dit, Beausire appuya les billets de caisse sur son cœur et se reprit à courir vers le Luxembourg, car il n'allait plus que par instinct depuis une heure, et cent fois ayant été chercher Oliva au jardin du Luxembourg, il laissait ses jambes le porter là.

Pour un homme aussi entêté de logique, c'était un pauvre raisonnement.

En effet, les archers, qui savent les habitudes des voleurs, comme Beausire savait les habitudes des archers, eussent été naturellement chercher Beausire au Luxembourg.

Mais le ciel ou le diable avait décidé que M. de Crosne ne ferait rien avec Beausire cette fois.

A peine l'amant de Nicole tournait-il la rue Saint-Germain-des-Prés, qu'il faillit être renversé par un beau carrosse dont les chevaux couraient fièrement vers la rue Dauphine.

Beausire n'eut que le temps, grâce à cette légèreté parisienne inconnue au reste des Européens, d'esquiver le timon. Il est vrai qu'il n'esquiva pas le juron et le coup de fouet du cocher; mais un propriétaire de cent mille livres ne s'arrête pas aux misères d'un pareil point d'honneur, surtout quand il a les compagnies de l'Etoile et les gardes de Paris à ses trousses.

Beausire se jeta donc de côté; mais en se cambrant, il vit dans ce carrosse Oliva et un fort belle homme qui causaient avec vivacité.

Il jeta un petit cri qui ne fit qu'animer

davantage les chevaux. Il eût bien suivi la voiture, mais cette voiture s'en allait rue Dauphine, la seule rue de Paris où Beausire ne voulait point passer dans ce moment.

Et puis quelle apparence que ce fût Oliva qui occupât ce carrosse, — fantômes, visions, absurdités, c'était voir, non pas trouble, mais double, c'était voir Oliva quand même.

Il y avait encore ce raisonnement à se faire, c'est qu'Oliva n'était pas dans ce carrosse, puisque les archers l'arrêtaient chez elle rue Dauphine.

Le pauvre Beausire, aux abois, moralement et physiquement, se jeta dans la rue des Fossés-Monsieur-le-Prince, gagna le Luxembourg, traversa le quartier déjà désert, et parvint hors barrière à se réfugier dans un petit cabinet dont l'hôtesse avait pour lui toutes sortes d'égards.

Il s'installa dans ce bouge, cacha ses billets sous un carreau de la chambre, appuya sur ce carreau le pied de son lit et se coucha, suant et pestant, mais entremêlant ses blasphèmes de remercîments à Mercure, ses nausées fiévreuses d'une infusion de vin sucré avec de la canèlle, breuvage tout à fait propre à ranimer la transpiration à la peau et la confiance au cœur.

Il était sûr que la police ne le trouverait plus. Il était sûr que nul ne le dépouillerait de son argent.

Il était sûr que Nicole, fût-elle arrêtée, n'était coupable d'aucun crime, et que le temps se passait des éternelles réclusions sans motif.

Il était sûr enfin que les cent mille livres lui serviraient même à arracher de la prison, si on la retenait, Oliva, sa compagne inséparable.

Restaient les compagnons de l'ambassade; avec eux le compte était plus difficile à régler.

Mais Beausire avait prévu les chicanes; il les laissait tous en France, et partait pour la Suisse, pays libre et moral, aussitôt que mademoiselle Oliva se serait trouvée libre.

Rien de tout ce que méditait Beausire, en buvant son vin chaud, ne succéda selon ses prévisions : c'était écrit.

L'homme a presque toujours le tort de se figurer qu'il voit les choses quand il ne les voit pas. Il a plus tort encore de se figurer qu'il ne les a pas vues quand réellement il les a vues.

Nous allons commenter cette glose au lecteur.

IX

Où mademoiselle Oliva commence à se demander ce que l'on veut faire d'elle.

Si M. Beausire eût bien voulu s'en rapporter à ses yeux qui étaient excellents, au lieu de faire travailler son esprit que tout aveuglait alors, M. de Beausire se fût épargné beaucoup de chagrins et de déceptions.

En effet, c'était bien mademoiselle Oliva qu'il avait vue dans le carrosse, aux côtés d'un homme qu'il n'avait pas reconnu en ne le regardant qu'une fois, et qu'il eût reconnu en le regardant deux fois ; Oliva, qui, le matin, avait été comme d'habitude faire sa promenade dans le jardin du Luxembourg, et qui, au lieu de rentrer à deux heures pour dîner, avait rencontré, accosté, questionné cet étrange ami qu'elle s'était fait le jour du bal de l'Opéra.

En effet, au moment où elle payait sa chaise pour revenir, et souriait au cafetier du jardin dont elle était la pratique assidue, Cagliostro, débouchant d'une allée, était accouru vers elle et lui avait pris le bras.

Elle poussa un petit cri.

— Où allez-vous? dit-il.

— Mais, rue Dauphine, chez nous.

— Voilà qui va servir à souhait les gens qui vous y attendent, repartit le seigneur inconnu.

— Des gens... qui m'attendent... comment cela? Mais personne ne m'attend.

— Oh! si fait; une douzaine de visiteurs à peu près.

— Une douzaine de visiteurs! s'écria Oliva en riant; pourquoi pas un régiment tout de suite.

— Ma foi, c'eût été possible d'envoyer un régiment rue Dauphine qu'il y serait.

— Vous m'étonnez!

— Je vous étonnerai bien plus encore si je vous laisse aller rue Dauphine.

— Parce que?

— Parce que vous y serez arrêtée, ma chère.

— Arrêtée, moi!

— Assurément, ces douze messieurs qui vous attendent sont des archers expédiés par M. de Crosne.

Oliva frissonna : certaines gens ont toujours peur de certaines choses.

Néanmoins, se raidissant après une inspection de conscience un peu plus approfondie :

— Je n'ai rien fait, dit-elle. Pourquoi m'arrêterait-on ?

— Pourquoi arrête-t-on une femme ? Pour des intrigues, pour des niaiseries.

— Je n'ai point d'intrigues.

— Vous en avez peut-être bien eu.

— Oh ! je ne dis pas.

— Bref, on a tort sans doute de vous arrêter ; mais on cherche à vous arrêter, c'est le fait. Allons-nous toujours rue Dauphine ?

Oliva s'arrêta pâle et troublée.

— Vous jouez avec moi comme un chat avec une pauvre souris, dit-elle. Voyons ; si vous savez quelque chose, dites-le moi. N'est-ce pas à Beausire qu'on en veut ?

Et elle arrêtait sur Cagliostro un regard suppliant.

— Peut-être bien. Je le soupçonnerais d'avoir la conscience moins nette que vous.

— Pauvre garçon !...

— Plaignez-le, mais s'il est pris, ne l'imitez pas en vous laissant prendre à votre tour.

— Mais quel intérêt avez-vous à me protéger? Quel intérêt avez-vous à vous occuper de moi? Tenez, fit-elle hardiment, ce n'est pas naturel qu'un homme tel que vous...

N'achevez pas, vous diriez une sottise; et les moments sont précieux, parce que les agens de M. de Crosne ne vous voyant pas rentrer, seraient capables de venir vous chercher ici.

— Ici ! on sait que je suis ici !

— La belle affaire de le savoir, je le sais bien, moi. Je continue. Comme je m'intéresse à votre personne et vous veux du bien, le reste ne vous regarde pas. Vite, gagnons la rue d'Enfer. Mon carrosse vous y attend. Ah ! vous doutez encore ?

— Oui.

— Eh bien nous allons faire une chose assez imprudente, mais qui vous con-

vaincra une fois pour toutes, j'espère.
Nous allons passer devant votre maison
dans mon carrosse, et quand vous aurez
vu ces messieurs de la police d'assez
loin pour n'être pas prise, et d'assez près
pour juger de leur disposition, eh bien,
alors vous estimerez mes bonnes intentions ce qu'elles valent.

En disant ces mots, il avait conduit
Oliva jusqu'à la grille de la rue d'Enfer.
Le carrosse s'était rapproché, avait reçu
le couple et conduit Cagliostro et Oliva
dans la rue Dauphine, à l'endroit où
Beausire les avait aperçus tous deux.

Certes, s'il eût crié à ce moment, s'il

eût suivi la voiture, Oliva eût tout fait pour se rapprocher de lui, pour le sauver, poursuivi, ou se sauver avec lui, libre.

Mais Cagliostro vit ce malheureux, détourna l'attention d'Oliva en lui montrant la foule qui déjà s'attroupait par curiosité autour du guet.

Du moment où Oliva eut distingué les soldats de la police et sa maison envahie, elle se jeta dans les bras de son protecteur avec un désespoir qui eût attendri tout autre homme que cet homme de fer.

Lui se contenta de serrer la main de

la jeune femme et de la cacher elle-même en abaissant le store.

— Sauvez-moi! sauvez-moi! répétait pendant ce temps la pauvre fille.

— Je vous le promets, dit-il.

— Mais puisque vous dites que ces hommes de police savent tout, ils me trouveront toujours.

— Non pas, non pas, à l'endroit où vous serez, nul ne vous découvrira, car si l'on vient vous prendre chez vous, on ne viendra pas vous prendre chez moi.

— Oh! fit-elle avec effroi, chez vous... nous allons chez vous?

— Vous êtes folle, répliqua-t-il, on dirait que vous ne vous souvenez plus de ce dont nous sommes convenus. Je ne suis pas votre amant, ma belle, et ne veux pas l'être.

— Alors, c'est la prison que vous m'offrez ?

— Si vous préférez l'hôpital, vous êtes libre.

— Allons, répliqua-t-elle épouvantée, je me livre à vous, faites de moi ce que vous voudrez.

Il la conduisit rue Neuve-Saint-Gilles, dans cette maison où nous l'avons vu recevoir Philippe de Taverney.

Quand il l'eut installée loin du domestique et de toute surveillance, dans un petit appartement, au deuxième étage :

— Il importe que vous soyez plus heureuse que vous n'allez être ici.

— Heureuse ! Comment cela ? fit-elle, le cœur gros. Heureuse, sans liberté, sans la promenade ! C'est si triste ici. Pas même de jardin. J'en mourrai.

Et elle jetait un coup-d'œil vague et désespéré sur l'extérieur.

— Vous avez raison, dit-il, je veux que

vous ne manquiez de rien. Vous seriez mal ici, et d'ailleurs mes gens finiraient par vous voir et vous gêner.

— Ou par me vendre, ajouta-t-elle.

— Quant à cela, ne craignez rien, mes gens ne vendent que ce que je leur achète, ma chère enfant ; mais pour que vous ayez toute la tranquillité désirable, je vais m'occuper de vous procurer une autre demeure.

Oliva se montra un peu consolée par ces promesses. D'ailleurs le séjour de son nouvel appartement lui plut. Elle y trouva l'aisance et des livres amusants.

Son protecteur la quitta en lui disant :

— Je ne veux point vous prendre par la famine, chère enfant. Si vous voulez me voir, sonnez-moi, j'arriverai tout de suite si je me trouve chez moi, ou sitôt mon retour, si je suis sorti.

Il lui baisa la main et la quitta.

— Ah! cria-t-elle, faites-moi surtout avoir des nouvelles de Beausire.

— Avant tout, lui répondit le comte.

Et il l'enferma dans sa chambre.

Puis, en descendant l'escalier, rêveur :

— Ce sera, dit-il, une profanation que de la loger dans cette maison de la rue Saint-Claude. Mais il faut que nul ne la voie, et dans cette maison nul ne la verra. S'il faut, au contraire, qu'une seule personne l'aperçoive, cette personne l'apercevra dans cette seule maison de la rue Saint-Claude. Allons, encore ce sacrifice. Eteignons cette dernière étincelle du flambeau qui brûla autrefois.

Le comte prit un large surtout, chercha des clés dans son secrétaire, en choisit plusieurs, qu'il regarda d'un air attendri, et sortit seul à pied de son

X

La maison déserte.

M. de Cagliostro arriva seul à cette ancienne maison de la rue Saint-Claude, que nos lecteurs ne doivent pas avoir tout à fait oubliée. La nuit tombait comme il s'arrêtait en face de la porte, et l'on n'apercevait plus que quelques rares passants sur la chaussée du boulevard.

Les pas d'un cheval retentissant dans la rue Saint-Louis, une fenêtre qui se fermait avec un bruit de vieilles ferrures, le grincement des barres de la massive porte-cochère après le retour du maître de l'hôtel voisin, voici les seuls mouvements de ce quartier à l'heure où nous parlons.

Un chien aboyait, ou plutôt hurlait, dans le petit enclos du couvent, et une bouffée de vent attiédi roulait jusque dans la rue Saint-Claude, les trois quarts mélancoliques de l'heure sonnant à Saint-Paul.

C'était neuf heures moins un quart.

Le comte arriva, comme nous avons dit, en face de la porte cochère, tira de dessous sa houppelande une grosse clé, broya pour la faire entrer dans la serrure, une foule de débris qui s'y étaient réfugiés, poussés par les vents depuis plusieurs années.

La paille sèche, dont un fétu s'était introduit dans l'ogivique entrée de la serrure, la petite graine, qui courait vers le midi pour devenir une ravenelle ou une mauve, et qui un jour se trouva emprisonnée dans ce sombre réservoir, l'éclat de pierre envolé du bâtiment voisin, les mouches casernées depuis dix ans dans cet hôpital de fer, et dont les cadavres avaient fini par combler la profondeur, tout cela cria et se moulut en poussière sous la pression de la clé.

Une fois que la clé eut accompli ses évolutions dans la serrure, il ne s'agit plus que d'ouvrir la porte.

Mais le temps avait fait son œuvre. Le bois s'était gonflé dans les jointures, la rouille avait mordu dans les gonds. L'herbe avait poussé dans tous les interstices du pavé, verdissant le bas de la porte de ses humides émanations ; partout une espèce de mastic pareil aux constructions des hirondelles, calfeutrait chaque interstice, et les vigoureuses végétations des madrépores terrestres, superposant leurs arcades, avaient masqué le bois sous la chair vivace de leurs cotylédons.

Cagliostro sentit la résistance ; il appuya le poing, puis le coude, puis l'épaule, et enfonça toutes ces barricades qui cédèrent l'une après l'autre avec un craquement de mauvaise humeur.

Quand cette porte s'ouvrit, toute la cour apparut désolée, moussue comme un cimetière aux yeux de Cagliostro.

Il referma la porte derrière lui et ses pas s'imprimèrent dans le chiendent rétif et dru qui avait envahi l'aire des pavés eux-mêmes.

Nul ne l'avait vu entrer, nul ne le voyait dans l'enceinte de ces murs énormes. Il put s'arrêter un moment et rentrer peu à peu dans sa vie passée comme il venait de rentrer dans sa maison.

L'une était désolée et vide, l'autre ruinée et déserte.

Le perron, de douze marches, n'avait plus que trois degrés entiers.

Les autres, minées par le travail de l'eau des pluies, par le jeu des pariétaires et des pavots envahisseurs, avaient d'abord chancelé, puis roulé loin de leurs attaches. — En tombant, les pierres s'étaient brisées, l'herbe avait monté sur les ruines et planté fièrement, comme les étendards de la dévastation, ses panaches au-dessus d'elles.

Cagliostro monta le perron tremblant sous ses pieds, et à l'aide d'une seconde clé, pénétra dans l'antichambre immense.

Là seulement il alluma une lanterne dont il avait pris soin de se munir; mais si soigneusement qu'il eût allumé la bougie, l'haleine sinistre de la maison l'éteignit du premier coup.

Le souffle de la mort réagissait violemment contre la vie; l'obscurité tuait la lumière.

Cagliostro ralluma sa lanterne et continua son chemin.

Dans la salle à manger, les dressoirs moisis dans leurs angles avaient presque perdu la forme première, les dalles visqueuses n'en retenaient plus le pied. Toutes les portes intérieures étaient ouvertes, laissant la pensée pénétrer librement avec la vue dans ces profondeurs funèbres où elles avaient déjà laissé passer la mort.

Le comte sentit comme un frisson hérisser sa chair, car, à l'extrémité du salon, là où jadis commençait l'escalier, un bruit s'était fait entendre.

Ce bruit, autrefois, annonçait une chère présence, ce bruit éveillait dans dans tous les sens du maître de cette maison, la vie, l'espoir, le bonheur. Ce bruit, qui ne représentait rien à l'heure présente, rappelait tout dans le passé.

Cagliostro, le sourcil froncé, la respiration lente, la main froide, se dirigea vers la statue d'Harpocrate, près de laquelle jouait le ressort de l'ancienne porte de communication, lien mystérieux, insaisissable, qui unissait la maison connue à la maison secrète.

Le ressort fonctionna sans peine, quoique les boiseries vermoulues tremblassent à l'entour. Mais à peine le comte eut-il posé le pied sur l'escalier secret, que ce bruit étrange recommença de se faire entendre. Cagliostro étendit sa main avec sa lanterne pour en découvrir la cause : il ne vit qu'une grosse couleuvre qui descendait lentement l'escalier, et fouettait de sa queue chaque marche sonore.

Le reptile attacha tranquillement son

œil noir sur Cagliostro, puis se glissa dans le premier trou de la boiserie et disparut.

Sans doute c'était le génie de la solitude.

Le comte poursuivit sa marche.

Partout dans cette ascension l'accompagnait un souvenir, ou, pour mieux dire, une ombre; et lorsque sur les parois la lumière dessinait une silhouette mobile, le comte tressaillait, pensant que son ombre à lui était une ombre étrangère ressuscitée pour faire, elle aussi, la visite du mystérieux séjour.

Ainsi marchant, ainsi rêvant, il arriva jusqu'à la plaque de cette cheminée qui servait de passage entre la chambre des armes de Balsamo et la retraite parfumée de Lorenza Féliciani.

Les murs étaient nus, les chambres vides. Dans le foyer encore béant gisait un amas énorme de cendres, parmi lesquelles scintillaient quelques petits lingots d'or et d'argent.

Cette cendre fine, blanche et parfumée, c'était le mobilier de Lorenza que Balsamo avait brûlé jusqu'à la dernière parcelle; c'étaient les armoires d'écaille, le clavecin et la corbeille de bois de rose, le beau lit diapré de porcelaines de Sèvres dont on retrouvait la poussière micacée pareille à celle de la poudre de marbre ; c'étaient les moulures et les ornements de métal fondus au grand feu hermétique ; c'étaient les rideaux et les tapis de brocard de soie ; c'étaient les boîtes d'aloës et de sandal dont l'odeur pénétrante s'exhalant par les cheminées, lors de l'incendie, avait parfumé toute la zone de Paris sur laquelle avait passé la fumée ; en sorte que durant deux jours les passants avaient levé la tête pour respirer ces arômes étranges mêlés à notre air parisien ; en sorte que le courtaud du quartier des Halles et la grisette du quartier Saint-Honoré avaient vécu énivrés de ces atômes violents et enflammés que la brise enlève aux rampes du Liban et aux plaines de la Syrie.

Ces parfums, disons-nous, la chambre déserte et froide les gardait encore. Cagliostro se baissa, prit une pincée de cendres, la respira longtemps avec une passion sauvage.

—Ainsi puissé-je, murmura-t-il, absorber un reste de cette âme qui, autrefois, se communiquait à cette poussière.

Puis il revit les barreaux de fer, la tristesse de la cour voisine, et par l'escalier, les hautes déchirures que l'incendie avait faites à cette maison intérieure, dont il avait dévoré l'étage supérieur.

Spectacle sinistre et beau, la chambre d'Althotas avait disparu ; il ne restait des murs que sept à huit crénelures sur lesquelles le feu avait promené ses langues qui dévorent et noircissent.

Pour quiconque eût ignoré l'histoire douloureuse de Balsamo et de Lorenza, il était impossible de ne pas déplorer cette ruine. Tout dans cette maison respirait la grandeur abaissée, la splendeur éteinte, le bonheur perdu.

Cagliostro s'imprégna donc de ces rêves. L'homme descendit des hauteurs de sa philosophie pour se repétrir dans ce peu d'humanité tendre qu'on appelle les sentiments du cœur, et qui ne sont pas du raisonnement.

Après avoir évoqué les doux fantômes

de la solitude et fait la part du ciel, il croyait en être quitte avec la faiblesse humaine, lorsque ses yeux s'arrêtèrent sur un objet encore brillant parmi tout ce désastre et toutes ces misères.

Il se baissa et vit dans la rainure du parquet, à moitié ensevelie sous la poussière, une petite flèche d'argent qui semblait récemment tombée des cheveux d'une femme.

C'était une de ces épingles italiennes comme les dames de ce temps aimaient à en choisir pour retenir les anneaux de la chevelure, devenue trop lourde quand elle était poudrée.

Le philosophe, le savant, le prophète,

le comtempteur de l'humanité, celui qui voulait que le ciel lui-même comptât avec lui, cet homme qui avait refoulé tant de douleurs chez lui et tiré tant de gouttes de sang du cœur des autres, Cagliostro l'athée, le charlatan, le sceptique rieur, ramassa cette épingle, l'approcha de ses lèvres, et, bien sûr qu'on ne pouvait le voir, il laissa une larme monter jusqu'à ses yeux en murmurant :

—Lorenza !

Et puis ce fut tout. Il y avait du démon dans cet homme.

Il cherchait la lutte, et, pour son propre bonheur, l'entretenait en lui.

Après avoir baisé ardemment cette relique sacrée, il ouvrit la fenêtre, passa son bras à travers les barreaux, et lança le frêle morceau de métal dans l'enclos du couvent voisin, dans les branches, dans l'air, dans la poussière, on ne sait où.

Il se punissait ainsi d'avoir fait usage de son cœur.

— Adieu, dit-il à l'insensible objet qui se perdait peut-être pour jamais. Adieu, souvenir qui m'était envoyé pour m'attendrir, pour m'amoindrir sans doute. Désormais je ne penserai plus qu'à la terre.

Oui, cette maison va être profanée. Que dis-je, elle l'est déjà. J'ai rouvert les portes, j'ai apporté la lumière aux murailles, j'ai vu l'intérieur du tombeau, j'ai fouillé la cendre de la mort.

Profanée est donc la maison! Qu'elle le soit tout à fait et pour un bien quelconque.

Une femme encore traversera cette cour, une femme appuiera ses pieds sur l'escalier, une femme chantera peut-être sous cette voûte où vibre encore le dernier soupir de Lorenza!

Soit. Mais toutes ces profanations auront lieu dans un but, dans le but de servir ma cause. Si Dieu y perd. Satan ne fera qu'y gagner.

Il posa sa lanterne sur l'escalier.

— Toute cette cage d'escalier, dit-il, tombera. Toute cette maison intérieure tombera aussi. Le mystère s'envolera; l'hôtel restera cachette et cessera d'être sanctuaire.

Il écrivit à la hâte sur ses tablettes les lignes suivantes :

« A M. Lenoir, mon architecte :

« Nettoyer cour et vestibules; restaurer remises et écuries; démolir le pavillon intérieur; réduire l'hôtel à deux étages : huit jours. »

— Maintenant, dit-il, voyons si l'on aperçoit bien d'ici la fenêtre de la petite comtesse.

Il s'approcha d'une fenêtre située au second étage de l'hôtel.

On embrassait de là toute la façade opposée de la rue Saint-Claude par dessus la porte cochère.

En face, à soixante pieds au plus, on voyait le logement occupé par Jeanne de La Mothe.

— C'est infaillible, les deux femmes se verront, dit Cagliostro. Bien.

Il reprit sa lanterne et descendit l'escalier.

Une grande heure après, il était rentré chez lui et envoyait son devis à l'architecte.

Il faut dire que dès le lendemain cinquante ouvriers avaient envahi l'hôtel, que le marteau, la scie et les pics résonnaient partout, que l'herbe amassée en gros tas commençait à fumer dans un coin de la cour, et que le soir, à sa rentrée, le passant, fidèle à son inspection quotidienne, vit un gros rat pendu par une patte au bas d'un cerceau dans la cour, au milieu d'un cercle de manœuvres, maçons, qui raillaient sa moustache grisonnante et son embonpoint vénérable.

Le silencieux habitant de l'hôtel avait été muré dans son trou par la chute d'une pierre de taille. A demi mort quand la grue releva cette pierre, il fut saisi par la queue et sacrifié aux divertissements des jeunes Auvergnats gâcheurs de plâtre ; soit honte, soit asphyxie, il en mourut.

Le passant lui fit cette oraison funèbre :

— En voilà un qui avait été heureux dix ans !

Sic transit gloria mundi.

La maison en huit jours fut restaurée comme Cagliostro l'avait commandé à l'architecte.

FIN DU SIXIÈME VOLUME.

TABLE.

Chap. I.	Chez la Reine (*Suite*).	1
II.	Un alibi.	55
III.	Monsieur de Crosne.	79
IV.	La tentatrice	105
V.	Deux ambitions qui veulent passer pour deux amours.	131
VI.	Où l'on commence à voir les visages sous les masques.	155
VII.	Où M. Ducourneau ne comprend absolument rien à ce qui se passe . . .	205
VIII.	Illusions et réalités.	241
IX.	Où mademoiselle Oliva commence à se demander ce que l'on veut faire d'elle. .	265
X.	La maison déserte.	281

Sceaux. — Imprimerie de E. Depee.

En vente :

LE MARI CONFIDENT,
Par Mme SOPHIE GAY.
2 volumes in-8.
Cet Ouvrage n'a pas paru dans les Journaux.

LES AMOURS D'UN FOU,
Par XAVIER DE MONTÉPIN.
4 volumes in-8.

LORD ALGERNON,
Par le Marquis DE FOUDRAS.
4 volumes in-8.

PIVOINE.
Par XAVIER DE MONTÉPIN.
2 volumes in-8.

UN AMI DIABOLIQUE,
Par A. DE GONDRECOURT.
3 volumes in-8.

LES VIVEURS D'AUTREFOIS,
Par le Marquis de FOUDRAS et X. de MONTÉPIN.
4 volumes in-8.

LE DOCTEUR SERVANS,
Par ALEXANDRE DUMAS Fils.
2 volumes in-8.

LE ROMAN D'UNE FEMME,
Par le Même. — 4 volumes in-8.

Les Chevaliers du Lansquenet,
Par le Marquis de FOUDRAS et X. de MONTÉPIN.
10 volumes in-8.

LES GENTILSHOMMES CHASSEURS,
Par le Marquis DE FOUDRAS.
2 volumes in-8.

LES SEPT PÉCHÉS CAPITAUX,
LA LUXURE et LA PARESSE,
Par EUGÈNE SUE.
4 volumes in-8.

Impr. de E. Dépée, à Sceaux (Seine).

www.ingramcontent.com/pod-product-compliance
Lightning Source LLC
Chambersburg PA
CBHW071507160426
43196CB00010B/1446